동요로 시작하는
엄마표 국어

🎼 **동요로 시작하는 엄마표** 🎵
국어

초판 1쇄 인쇄 2018년 3월 5일
초판 1쇄 발행 2018년 3월 15일
글 홍여라 | 그림 홍인기
펴낸이 김영애 | 펴낸곳 도서출판 책찌
출판등록 제406-2010-000052호
주소 경기도 파주시 문발로405, 204호
전화 031-955-1581 | 팩스 031-955-1582
전자우편 bookzee@naver.com

ISBN 979-11-85730-14-1 13700

*이 도서의 국립중앙도서관 출판예정도서목록(CIP)은 서지정보유통지원시스템 홈페이지
 (http://seoji.nl.go.kr)와 국가자료공동목록시스템(http://www.nl.go.kr/kolisnet)에서 이용하실 수
 있습니다. (CIP제어번호: CIP2017035134)
*이 책은 신 저작권법에 따라 보호받는 저작물이므로 무단 전재와 무단 복제를 금지하며, 이
 책의 내용을 전부 또는 일부를 이용하려면 반드시 저작권자와 도서출판 책찌의 서면동의를
 받아야 합니다.
* 본 도서는 한국음악저작권협회 승인을 받았으나 부득이하게 관리되지 않은 저작권자들이
 있으므로 본사로 연락을 주시면 저작권법에 의거하여 저작료를 지불하겠습니다.
* 잘못된 책은 구입하신 서점을 통해서만 교환이 가능합니다.
* 책값은 뒤표지에 있습니다.

초등 국어 기초 쉽게 만들기

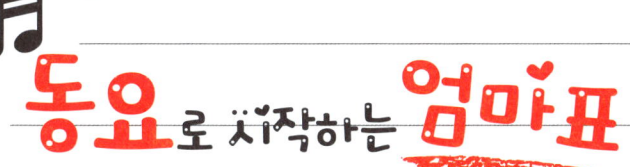

국어

홍여라 글 | 홍인기 그림

초등 1~2

책짱

들어가는 말

캐나다에 오고 1년 정도 지났을 때, 첫째 아이가 이곳에서의 공교육을 받기 시작했습니다. "Hi"라는 말만 알아듣고, 알파벳도 다 알지 못한 채 자신의 영어 이름 쓰는 법만 겨우 배워 입학한 아이는 학교생활에 빠르게 적응했고, 하루가 다르게 영어가 늘어갔습니다.
그런 아이를 보며 문득 '이러다 한국말을 잊어버리고 영어만 쓰게 되는 것은 아닐까?' 하는 걱정이 들더군요. 그리고 그런 저의 걱정은 곧 '무언가를 해야 겠다'는 결심으로 바뀌었습니다. '영어는 학교가 책임질 테니, 한국말은 엄마인 내가 책임지자!'라고 마음먹고 아이의 한국어 유지를 위해 무엇을 해야 할까를 생각하고 또 생각했습니다.

그렇게 많은 고민 끝에 동요를 통해 함께 이야기 나누는 시간을 가지기 시작했습니다. 동요를 듣고 부르는 것에 그치지 않고 그 동요의 내용을 파악하고, 동요에 나오는 주인공에 관해서도 이야기를 나눠보고, 동요 내용과 관련된 경험들을 아이의 관점에서 들어보고, 또 저의 생각과 아이의 생각을 주고받으며 작은 토론 시간도 가지면서 그렇게 동요 한 곡으로 이런저런 활동을 했습니다. 사교육 현장에서 국어와 논술을 가르쳤던 나름의 경험과 노하우를 되살려 초등 저학년 아이 수준에 맞게끔 엄마표 국어 수업을 진행한 셈이지요.
그렇게 쭉 이어온 시간 덕분에 현재 4학년이 된 큰 아이는 캐나다에 살며 학교를 다니고 있

지만 책을 아주 사랑하고, 국어문제집 푸는 것과 한국 신문 읽는 것을 즐기며, 토론의 재미를 알아 "엄마는 어떻게 생각해요?"라는 질문을 달고 사는 아이가 되었습니다. 아이의 이러한 긍정적인 성장이 동요를 부르고 함께 이야기를 나눈 그 시간에서 출발했음을 믿어 의심치 않습니다.

우리 아이들의 생각의 폭을 넓혀 주고, 그 생각을 논리적으로 정리하여 자신 있게 말하는 법에 익숙해지며, 더 나아가 논리적인 글쓰기의 시작 단계를 경험하도록 동요를 통해 그 첫 단추를 끼워보고자 합니다. 우리의 모국어이지만 만만치 않은 국어, 논술이라는 과목을 좀 더 쉽고 편하게 느끼고 그 재미를 알아가는 데 도움이 되리라 확신하며, 이 책을 접하는 모든 아이가 토론을 즐기고 그 토론을 이끌 줄 아는 긍정적인 결과를 가지게 되길 바라봅니다.

홍 여 라

이렇게 지도해 주세요!

버스는 처음부터 손님을 가득 태우고 출발하지 않습니다. 보통 처음 출발할 때 버스는 텅 비어있기 마련입니다. 노선을 따라가면서 손님을 하나둘 태우기 시작하지요.
우리 아이들도 마찬가지입니다. 이 책을 통해 엄마와 함께 하나하나 채워 나간다 생각해 주세요. 급한 마음으로 억지로 무언가를 집어넣으려고 하시면 안 됩니다. 공부 시간이 아닌 '엄마와의 즐거운 대화 시간'으로 만들어 주세요. 각자만의 방식으로 대화를 즐겁게 잘 끌어주시면 아이의 사고력을 키우는 데 큰 도움이 될 것입니다.

♪ 엄마와 함께 앉아 이야기를 나누면서 진행하세요.
국어 문제집 풀 듯 아이에게 맡겨두고 문제에 답만 쓰게 하지 마세요. 아이의 말 한마디, 아이가 선택한 단어 하나로도 무궁무진한 이야기를 끌어낼 수 있습니다. 내 아이가 그 단어에 대해 어떤 생각을 하고 있는지, 어떠한 가치관을 따르고 있는지 알아간다는 생각으로 함께 이야기를 나누세요.

♪ 핵심어 찾기는 아주 중요한 활동입니다.
 짧은 글에서 핵심이 되는 단어를 찾을 줄 알아야 나중에 긴 글 속에서도 핵심 문장 혹은 주제 문장을 찾을 수 있습니다. 그러므로 '핵심어 찾기'는 꼭 하되, 아이가 직접 찾도록 도와주세요. 하지만 아직은 아이들이 한 단어 혹은 한 문장으로 내용을 함축시킬 능력이 부족하므로 핵심어가 여러 개가 나와도 괜찮습니다. 간혹 아이들이 어른들은 생각지도 못한 단어나 문장을 핵심어라고 찾을 때가 있는데, 그럴 때는 틀렸다고 하지 말고 왜 그것을 핵심어라고 생각하는지 물어보고 아이의 의견을 충분히 들어주고 표현할 수 있게 해주세요.
잊지 마세요. 우리는 핵심어 정답을 찾는 것이 아니라, 핵심어 찾는 연습을 하는 중입니다.

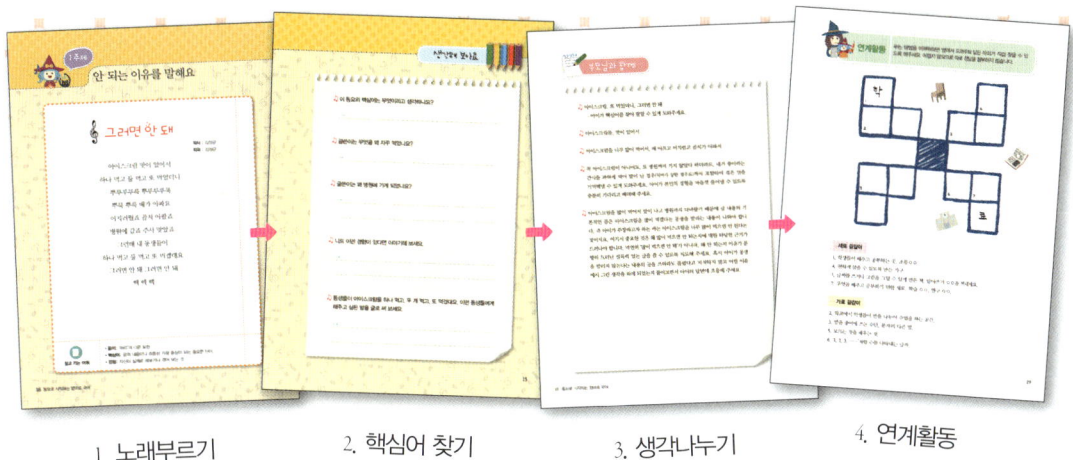

1. 노래부르기　　2. 핵심어 찾기　　3. 생각나누기　　4. 연계활동

♬ 평등한 토론이 되도록 이끌어 주세요.

토론할 때 엄마와 아이는 완전히 평등한 관계에 있어야 합니다. 어른의 입장에서 교훈을 주거나 가르치려 하지 말고 아이의 의견을 존중해 주세요. 그래야 아이가 자기 생각을 자유롭게 이야기하고, 또한 토론에 진지하게 참여할 수 있습니다.

♬ 동요를 듣고 불러보는 활동도 함께하세요.

이 책에 실린 대부분의 곡은 아이들에게 익숙한 동요들과 또 쉽게 찾아서 들을 수 있는 동요들로 구성되어 있습니다. 활동을 시작하기 전 동요를 먼저 듣고 불러본다면, 글만 가지고 하는 활동보다 더 효과적이고 즐거운 시간을 만들 수 있습니다.

♬ 연계활동은 사고력을 키우는 놀이입니다.

이 책은 아이가 맘껏 쓰고 그리면서 생각을 풀어내도록 구성되어 있어서 낙서장처럼 활용할수록 가치가 커집니다. 특히 연계활동은 각 주제에 맞게 놀이를 통해 사고력을 키워나가는 유용한 페이지입니다. 가능하다면 복사하여 여러 번 반복해도 좋고, 친구나 가족과 함께 활동하면 효과가 더욱 커질 것입니다.

차례

들어가는 말   6
이렇게 지도해 주세요   8

1주제 안 되는 이유를 말해요! ♪그러면 안 돼   14

2주제 호기심을 표현해요! ♪나무야   18

3주제 내가 사는 우리 동네 ♪우리 동네   22

4주제 오늘은 내가 작가! ♪숲속 작은 집   26

5주제 하고 싶었던 말을 해 보아요 ♪아빠 힘내세요   30

6주제 역할 바꾸어 생각하기 ♪어른 되면   34

7주제 고민을 해결해 주어요 ♪뚱보새   38

8주제 소중한 것이 있어요! ♪엄마 아빠의 보물 1호   42

9주제 말에는 힘이 있어요 ♪참 좋은 말   46

10주제 우정의 조건 ♪꼭꼭 약속해		50
11주제 내 물건들 이야기 ♪그냥 두고 나갔더니		54
12주제 내가 직접 소개해요! ♪세계의 아침 인사		58

13주제 행동하기 전에 생각해요! ♪이웃집 순이		64
14주제 나도 함께 책임져요! ♪지구 지킴이		68
15주제 우리 가족 이야기 ♪우리 집은 동물원		72

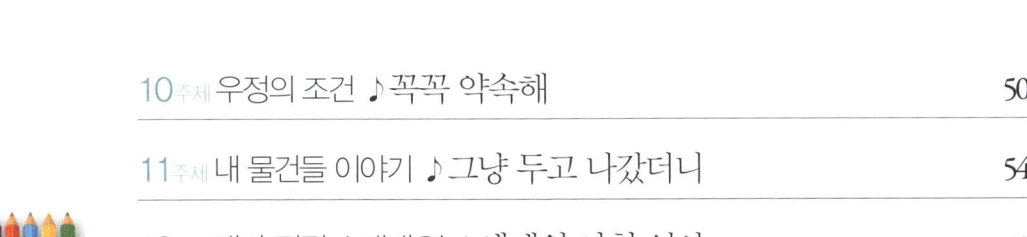

16주제 나도 나의 주장이 있어요 ♪반찬 타령		76
17주제 고마워 나무야! ♪산에 나무가 없으면		80
18주제 좋은 친구가 되어 주어요! ♪친구 되는 멋진 방법		84

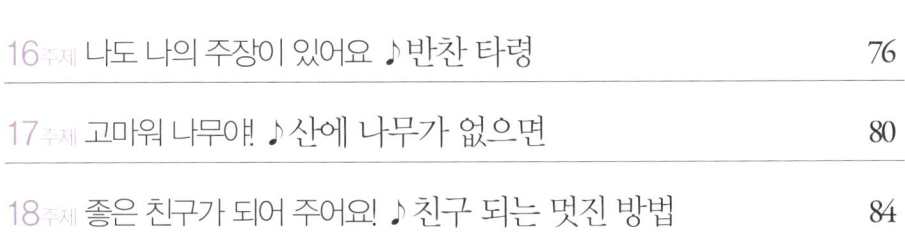

19주제 좋은 버릇을 길러요! ♪꿈을 키우는 좋은 버릇   88

20주제 건강하게 먹어요! ♪이런 음식 어때요?   92

21주제 마법 같은 일 ♪내 맘대로 리모콘   96

22주제 무엇이든 이룰 수 있어요! ♪나의 꿈 보따리   100

23주제 엄마! 고마워요! 사랑해요! ♪이 세상의 모든 것 다 주고 싶어   104

24주제 세상을 보는 또 다른 눈 ♪여섯 개의 점   108

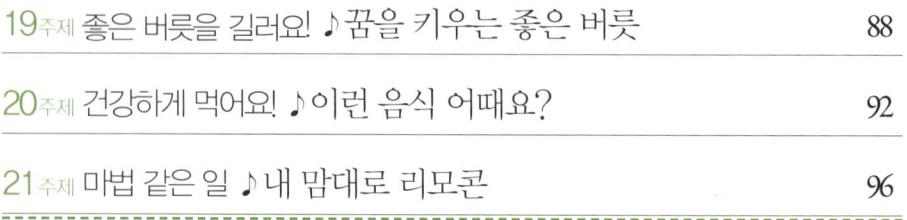

25주제 사랑하는 우리나라 ♪독도는 우리 땅   114

26주제 매일 매일 즐겁게 ♪빗자루 여행   118

27주제 좋은 세상을 만들어요 ♪어깨동무 일등   122

28주제	선생님 선생님 우리 선생님 ♪스승의 은혜	126
29주제	편리해요! 하지만… ♪플라스틱의 꿈	130
30주제	웃는 얼굴, 밝은 얼굴 ♪미소	134

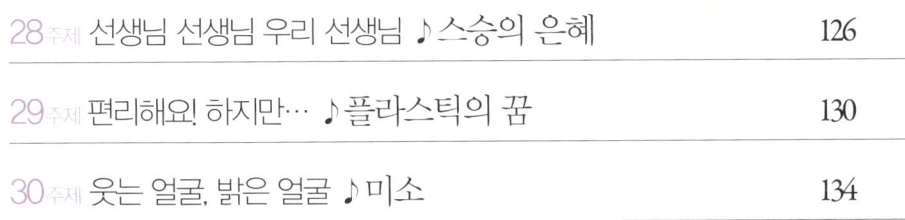

31주제	고마운 자동차들 ♪병원차와 소방차	138
32주제	엄마 아빠 그리고 선생님 ♪사랑	142
33주제	응원해 주세요! ♪넌 할 수 있어라고 말해 주세요	146

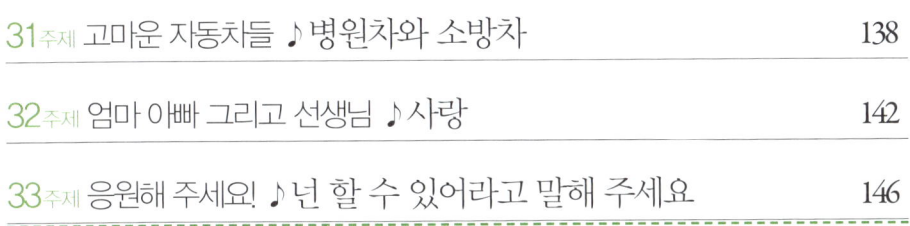

34주제	아이들과 세상 ♪아이들은	150
35주제	우린 원래 하나였어요 ♪함께 달려가요	154
36주제	꼭두각시는 싫어요! ♪피노키오	158

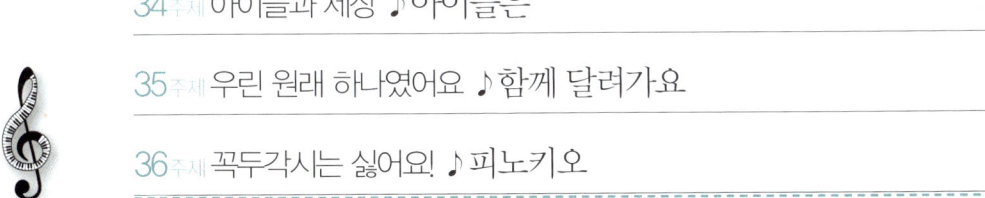

1주제   안 되는 이유를 말해요!

 그러면 안 돼

작사: 김성균
작곡: 김성균

아이스크림 맛이 있어서
하나 먹고 둘 먹고 또 먹었더니
뿌루루루룩 뿌루루루룩
뿌룩 뿌룩 배가 아파요
어지러웠죠 골치 아팠죠
병원에 갔죠 주사 맞았죠
그런데 내 동생들이
하나 먹고 둘 먹고 또 먹겠대요
그러면 안 돼 그러면 안 돼
떽 떽 떽

짚고 가는 어휘

- **골치:** '머리'의 다른 표현.
- **핵심어:** 글의 내용이나 흐름상 가장 중심이 되는 중요한 단어.
- **경험:** 자신이 실제로 해보거나 겪어 보는 것.

♪ 이 동요의 핵심어는 무엇이라고 생각하나요?

…▶

♪ 글쓴이는 무엇을 왜 자꾸 먹었나요?

…▶

♪ 글쓴이는 왜 병원에 가게 되었나요?

…▶

♪ 나도 이런 경험이 있다면 이야기해 보세요.

…▶

♪ 동생들이 아이스크림을 하나 먹고, 두 개 먹고, 또 먹겠대요. 이런 동생들에게 해주고 싶은 말을 글로 써 보세요.

…▶

부모님과 함께

🎵 아이스크림, 또 먹었더니, 그러면 안 돼
　⋯▶ 아이가 핵심어를 찾아 말할 수 있게 도와주세요.

🎵 아이스크림을, 맛이 있어서

🎵 아이스크림을 너무 많이 먹어서, 배 아프고 어지럽고 골치가 아파서

🎵 꼭 아이스크림이 아니어도, 또 병원까지 가지 않았다 하더라도, 내가 좋아하는 간식을 과하게 먹어 탈이 난 경우(치아가 상한 경우도)까지 포함하여 겪은 일을 기억해낼 수 있게 도와주세요. 아이가 본인의 경험을 마음껏 풀어낼 수 있도록 충분히 기다리고 배려해 주세요.

🎵 아이스크림을 많이 먹어서 탈이 나고 병원까지 다녀왔기 때문에 글 내용의 기본적인 틀은 아이스크림을 많이 먹겠다는 동생을 말리는 내용이 나와야 합니다. 즉 아이가 주장하고자 하는 바는 아이스크림을 너무 많이 먹으면 안 된다는 것이지요. 여기서 중요한 것은 왜 많이 먹으면 안 되는지에 대한 타당한 근거가 드러나야 합니다. 막연히 '많이 먹으면 안 돼'가 아니라, 왜 안 되는지 이유가 분명히 드러난 설득력 있는 글을 쓸 수 있도록 지도해 주세요. 혹시 아이가 동생을 말리지 않는다는 내용의 글을 쓰더라도 틀렸다고 지적하지 말고 어떤 이유에서 그런 생각을 하게 되었는지 물어보면서 아이의 답변에 호응해 주세요.

연계활동
푸는 방법을 어려워하면 옆에서 도와주되 답은 아이가 직접 찾을 수 있도록 해주세요. 어렵지 않으므로 따로 정답을 첨부하지 않습니다.

세로 길잡이

1. 학생들이 배우고 공부하는 곳. 초등○○.
4. 편하게 앉을 수 있도록 만든 가구.
5. 글씨를 쓰거나 그림을 그릴 수 있게 만든 책. 받아쓰기 ○○을 꺼내세요.
7. 무엇을 배우고 공부하기 위한 재료. 학습 ○○, 연구 ○○.

가로 길잡이

2. 학교에서 학생들이 반을 나누어 수업을 하는 공간.
3. 말을 종이에 쓰는 수단. 문자의 다른 말.
5. 모르는 것을 배우는 것.
6. '1, 2, 3, ……'처럼 수를 나타내는 글자.

2주제
호기심을 표현해요!

작사 : 강소천
작곡 : 김공선

나무야 나무야
서서 자는 나무야
나무야 나무야
다리 아프지
나무야 나무야
누워서 자거라

짚고 가는 어휘

- **권하다**: 어떤 일을 하도록 하다.
- **자연**: 사람이 만든 것이 아닌 저절로 생겨난 산, 강, 바다, 식물, 동물 같은 것.

♪ 이 동요의 핵심어는 무엇이라고 생각하나요?

⋯▶ _____

♪ 이 글은 누구에게 쓴 글인가요?

⋯▶ _____

♪ 글쓴이는 나무에게 어떻게 하라고 권했나요?

⋯▶ _____

♪ 글쓴이는 나무를 보며 '다리 아프겠다'고 생각한 것 같아요. 나는 나무를 보면 어떤 생각이 드나요? 왜 그런 생각이 드는지 적어 보세요.

⋯▶ _____
_____

♪ 우리는 나무 외에도 많은 자연 친구들을 만나며 살아요. 이 친구들에게 혹시 궁금한 점이 있었거나, 하고 싶은 말이 있나요? 자연 친구를 하나 정해 궁금한 점이나 하고 싶은 이야기를 글로 써서 표현해 보세요.

⋯▶ _____
_____

부모님과 함께

♪ 누워서 자거라
  ⟶ 제시된 단어만이 정답은 아닙니다. 혹 아이가, '다리 아프지'를 선택했다면 아이는 나무의 다리가 아픈 상황을 중요하게 여긴 것입니다. 왜 그 단어 혹은 문장이 핵심어라고 생각하는지 표현할 시간을 주고 생각하는 힘도 길러주세요.

♪ 나무에게

♪ 다리가 아플 테니 누워서 자라고 말했다.

♪ 글쓴이는 나무의 불편해 보이는 부분을 신경 쓰고 있습니다. 하지만 모든 아이들의 생각이 같지는 않습니다. 나무가 무섭게 느껴지는 아이도 있고, 나무가 싫어서 없었으면 하는 아이도 있을 수 있습니다. 보편적인 생각이 아니라고 해서 당장 그 생각을 고치려 하지 말고 일단은 있는 그대로 받아주세요. 지금은 표현하는 힘을 키워 나가는 시간이랍니다.

♪ 기본적으로 아이들은 호기심이 많지요. 평소 길을 걷다가 만나게 되는 돌멩이 하나도 그냥 지나치지 않는 것이 우리 아이들이니까요. 자연이라는 개념에는 산, 바다와 같은 환경뿐 아니라 식물과 동물도 포함되니 아이가 생각을 넓게 할 수 있도록 지도해 주세요. 답을 얻는 게 목적이 아니라 아이들의 질문과 생각을 얻는 게 목적이랍니다. 아이의 기발한 생각에는 꼭 감탄사를 넣어 멋진 반응을 해주시는 것도 잊지 마세요.

연계활동

동물 이름 혹은 식물 이름으로 빙고 게임을 합니다. 즐겁게 게임을 통해 내가 몰랐던 동식물의 이름도 새롭게 알게 될 거예요.

|빙고 게임 하는 방법|

1. 자신이 알고 있는 다양한 동물이나 식물의 이름을 적어 빙고 판의 빈칸을 채우세요.
2. 서로의 빙고 판을 보여주면 안 됩니다.
3. 한 사람씩 번갈아 가며 자신이 적은 동물(혹은 식물) 이름을 말하세요.
4. 이름이 불려진 동물(혹은 식물)이 있는 칸을 색칠하여 주세요.
5. 상대가 부른 이름이 나의 빙고 판에 없으면 아무 곳에도 색칠할 수 없습니다.
6. 먼저 3칸을 맞추어 1줄을 완성한 사람이 승리!

내가 사는 우리 동네

우리 동네

작사 : 김성균
작곡 : 김성균

우리 동네 이름은 파란 동인데
아주 아주 좋아요 정말 좋아요
커다란 네거리엔 뭐든지 다 있어요
병원도 있고 은행도 있고 인형가게도 있죠
우리 동네 이름은 파란 동인데
아주 아주 좋아요 정말 좋아요

우리 동네 이름은 노란 동인데
아주 아주 좋아요 정말 좋아요
커다란 네거리엔 뭐든지 다 있어요
꽃집도 있고 시장도 있고 금붕어도 있어요
우리 동네 이름은 노란 동인데
아주 아주 좋아요 정말 좋아요 정말 좋아요

생각해 보아요

♪ 이 동요의 핵심어는 무엇이라고 생각하나요?

⋯▸ _____

♪ 윗글에 등장하는 동네의 이름은 무엇, 무엇인가요?

⋯▸ _____

♪ 글쓴이는 자신의 동네를 어떻게 생각하고 있나요?

⋯▸ _____

♪ 내가 살고 있는 동네의 이름은 무엇인가요? 우리 동네의 이름과 우리 동네의 좋은 점들을 적어 보세요.

⋯▸ _____

_____

♪ 지금 내가 살고 있는 우리 동네에서 꼭 없어졌으면 하는 것과 꼭 생겼으면 하는 것이 있다면 그 이유와 함께 이야기해 보세요.

⋯▸ _____

_____

부모님과 함께

♪ 우리 동네, 뭐든지 다 있어요, 정말 좋아요

♪ 파란 동, 노란 동

♪ 아주 아주 좋은 동네라고 생각한다.

♪ 현재 살고 있는 동네에 대한 아이의 생각을 알아봅니다. 아이의 관점에서 우리 동네는 어떤 좋은 점을 가지고 있을까요? 아무리 사소한 것이라도 우리 동네의 좋은 점을 하나하나 나열해 볼 수 있도록 해주세요. 감사할 거리를 찾다 보면 정말 감사하는 마음이 생기는 것처럼, 좋은 점을 찾다 보면 우리 동네가 정말 좋아 보이기 시작할 겁니다.

♪ 어른들도 가끔 그런 생각을 하지요. 우리 동네에 이건 없었으면 좋겠고, 저건 없으면 안 될 것 같고, 그건 꼭 생겼으면 좋겠고, 라고요. 아이들도 마찬가지일 거예요. 아이들의 시각이고, 아이들의 기준이기에 이해가 안 되고 공감이 안 될 수도 있지만 존중하며 잘 들어주세요. 또한 왜 그것이 없었으면 좋겠는지, 그건 왜 필요하다고 생각하는지도 물어봐 주세요.

 **연계활동** 내가 살고 싶은 최고의 동네 모습을 아래 그림판에 마음껏 그려 보세요. 지도처럼 할 수도 있고 동식물이 무성한 숲처럼 그려도 괜찮아요. 우리 집을 중심으로 동네를 표현하는 활동입니다.

우리집

4주제
오늘은 내가 작가!

 ### 숲속 작은 집

작사 : 미상
작곡 : 외국곡

숲속 작은 집 창가에
작은 아이가 섰는데
토끼 한 마리가 뛰어와
문 두드리며 하는 말
날 좀 살려 주세요
날 좀 살려 주세요
날 살려주지 않으면
포수가 빵 쏜대요
작은 토끼야 들어와
편히 쉬어라

짚고 가는 어휘

- **포수:** 총으로 짐승을 잡는 사냥꾼.
- **상황:** 일이 되어가는 과정, 상태 또는 결과.

생각해 보아요

♪ 이 동요의 핵심어는 무엇이라고 생각하나요?

…▶ _____

♪ 숲속 작은 집 창가에 서 있는 작은 아이에게 뛰어온 것은 무엇인가요?

…▶ _____

♪ 작은 아이에게 뛰어온 '그것'은 어떤 상황에 처해 있었나요?

…▶ _____

♪ 작은 아이는 자신에게 도움을 청하는 동물을 도와줬어요. 내가 누군가를 도와 줬던 경험에 대해 이야기해 보세요.

…▶ _____
_____

♪ 이 글은 '편히 쉬어라'로 끝이 납니다. 그 후에는 어떤 일이 일어날까요? 다음 이야기를 상상하여 만들어 보세요.

…▶ _____
_____

부모님과 함께

♪ 작은 아이, 토끼 한 마리, 살려 주세요, 들어와 편히 쉬어라
→ 참고만 하는 답입니다. 혹시 아이가 '빵 하고 쏜대요'를 선택해도 아이의 의견을 존중해 주세요. 분명 아이 나름대로 이유가 있습니다.

♪ 토끼

♪ 포수가 토끼를 잡으려고 쫓아오는 상황(포수가 토끼를 쏘려고 하는 상황)

♪ 동생이 퍼즐을 맞추고 있는데 도와준 경험 같은 아주 사소한 것이라도 크게 칭찬하며 반응해 주세요. 비록 작아도 나의 진심 어린 도움이 도움을 받는 상대방에게는 크다는 것을 알게 해주세요.

♪ 아이가 작가가 되어 봅니다. 주인공은 이미 정해져 있네요. 포수를 피해 도망 온 토끼와 그 토끼를 자기 집에 숨겨줌으로써 토끼의 생명을 구해준 작은 아이. 등장인물이 추가되어도 좋습니다. 포수가 다시 등장한다거나 제3의 인물이 나타나도 됩니다. 배경이 바뀌어도 괜찮습니다. 바닷가로 이사를 한다거나, 도시의 아파트로 간다거나, 어떤 이야기로 이어지든 아이가 자유롭게 이야기를 만들어 나갈 수 있도록 추임새를 넣어 주세요. 그럴 때 상상력 풍부한 놀라운 이야기가 나올 수 있답니다.

연계활동

제시된 그림처럼 미니 북을 만들어 그 안에 이야기를 담아내면 좋은 활동자료가 된답니다. 포수를 피해 도망 온 토끼의 뒷이야기를 그림과 함께 넣어 책으로 만들어 보세요.

6	5	4	3
뒷표지	표지	1	2

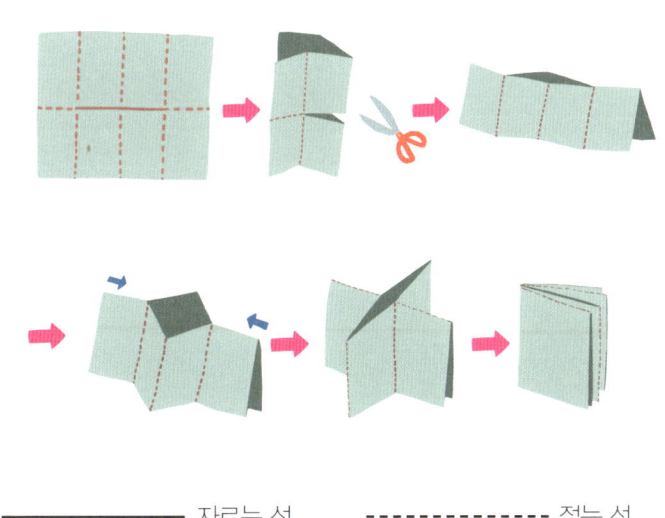

─────── 자르는 선   - - - - - - - 접는 선

하고 싶었던 말을 해 보아요

 아빠 힘내세요

작사 : 권연순
작곡 : 한수성

딩동댕 초인종 소리에 얼른 문을 열었더니
그토록 기다리던 아빠가 문 앞에 서 계셨죠
너무나 반가워 웃으며 아빠 하고 불렀는데
어쩐지 오늘 아빠의 얼굴이 우울해 보이네요
무슨 일이 생겼나요 무슨 걱정 있나요
마음대로 안 되는 일 오늘 있었나요
아빠 힘내세요 우리가 있잖아요
아빠 힘내세요 우리가 있어요
힘내세요 아빠!

짚고 가는 어휘

• 우울: 마음이 답답하고 걱정이 많아 슬픈 상태.

♪ 이 동요의 핵심어는 무엇이라고 생각하나요?

…▶ _____

♪ 이 글은 누가 누구에게 쓴 글일까요?

…▶ _____

♪ 문 앞에 서 있는 아빠의 얼굴을 보며 글쓴이는 무슨 생각을 했을까요?

…▶ _____

♪ 우리 아빠는 여러 가지 표정과 여러 가지 모습을 가지고 있어요. 내가 좋아하는 아빠의 표정이나 모습, 또 싫어하는 표정이나 모습은 어떤 걸까요? 왜 싫고, 왜 좋은지 그 이유도 같이 적어 보세요.

…▶ _____

_____

♪ 사랑하는 아빠에게 평소 하고 싶었던 말을 편지로 써 보세요.

…▶ _____

_____

부모님과 함께

♪ 아빠의 얼굴, 우울해 보이네요, 힘내세요, 우리가 있어요
  → 아이가 핵심어로 고른 단어에 대해 왜 그 단어를 핵심어라 생각하는지 꼭 물어봐 주세요.

♪ 아이가 아빠에게(혹은 내가 아빠에게)

♪ 아빠의 얼굴이 우울해 보이네.
  → 아빠에게 무슨 일이 생겼나?
  → 아빠가 무슨 걱정이 있나?
  → 오늘 마음대로 안 되는 일이 있었나?

♪ 아이의 생각을 들여다보는 건 부모에게 반성의 계기가 되기도 합니다. 특히 아빠와 보내는 시간은 주 양육자(엄마)와 보내는 시간에 비교해 짧고 제한적이므로 아이는 아빠의 표정 하나, 반응 하나에 민감해집니다. 이 질문을 통해 평소 아빠에 대한 아이의 생각을 들여다볼 수 있습니다. 아이의 답변에 대해 옳고 그름을 가리는 말을 하지 않도록 주의해 주세요.(예를 들어 '그건 네가 잘못 느낀 것 같아' 혹은 '잘못 생각하는 것 같아'와 같은 말) 또한 아빠의 편을 들거나 아빠를 대신해 변명하지 않도록 조심해야 합니다.(예를 들어 '그건 아빠가 피곤하기 때문이야'와 같은 말) 아이의 이야기를 존중해서 들어주어 아이가 느낀 감정 그대로를 드러낼 수 있게 해주세요.

♪ 엄마 신경 쓰지 말고 평소 아빠에게 하고 싶었던 이야기를 마음 편하게 써 보라고 하고선 무신경하게 대처해 주세요. 완전히 자리를 피하지는 않더라도, 책을 본다거나 다른 일을 하면서 아이가 혼자 마음 편하게 편지를 쓸 기회를 만들어 주세요. 그리고 다 쓴 편지는 엄마가 보지 말고 바로 예쁜 봉투에 넣어서 아빠에게 드릴 기회도 만들어 주세요.

 **연계활동** 아빠께 마음을 담아 예쁘게 편지를 써서 드려 보세요.

역할 바꾸어 생각하기

 **어른 되면**

작사 : 김성균
작곡 : 김성균

내가 커서 어른 되면 어떻게 될까
아빠처럼 넥타이 매고 있을까
엄마처럼 행주치마 입고 있을까
랄라라 다 같이 흉내 내보자
나는 엄마 나도 엄마 아빠 다녀오세요 호호
나는 아빠 나도 아빠 여보 여보 다녀왔소

짚고 가는 어휘

- **행주치마:** 부엌일을 할 때 옷을 더럽히지 않으려고 덧입는 작은 치마. 흔히 앞치마라고 함.

생각해 보아요

♪ 이 동요의 핵심어는 무엇이라고 생각하나요?

　…▸ _____

♪ 이 글에 나오는 엄마, 아빠는 어떤 차림을 하고 있나요?

　…▸ _____

♪ 내가 좋아하는 엄마, 아빠의 특별한 차림(모습)에 대해 이야기해 보고, 왜 그 모습이 좋은지도 적어 보세요.

　…▸ _____

♪ 커서 어떤 사람이 되고 싶나요? 내가 되고 싶은 나의 미래 모습에 대해 구체적으로 적어 보세요.

　…▸ _____

♪ 엄마가 멋진 옷을 입고 회사에 출근하고, 아빠가 예쁜 앞치마를 입고 집에서 집안일을 하는 모습을 상상해 본 적이 있나요? 이런 광경에 대해 어떤 생각이 드는지 적어 보세요.

　…▸ _____

부모님과 함께

♪ 어른 되면, 어떻게 될까, 아빠처럼, 엄마처럼

♪ 아빠는 넥타이를 매고 계시고, 엄마는 행주치마를 입고 계신다

♪ 여기서 말하는 '모습'이란 외적인 부분을 가리킵니다. 치마 입은 엄마의 모습이나 잠옷 입은 아빠의 모습과 같이 질문에 알맞은 답변이 나오도록 지도해 주세요. 좋아하는 이유에 대해 '그냥'과 같은 모호한 답변을 한다면, 조심스레 엄마가 짐작하는 이유들을 열거하여 아이가 고를 수 있도록 해도 좋습니다.(예를 들어, 따뜻해서? 편안해서? 예뻐 보여서? 멋져 보여서?)

♪ 직업에 대한 질문이 아니라 아이가 되고 싶은 사람은 어떤 사람인지를 묻는 질문입니다. '의사가 아니라 다른 사람의 병이 낫도록 보살펴주는 사람' '변호사가 아니라 억울하고 약한 사람을 대변해 주는 사람' '디자이너가 아니라 사람들의 옷을 예쁘게 만들어 주는 사람'과 같이 자질이나 성품 그리고 직업적인 면이 함께 나올 수 있도록 지도해 주세요. 혹 '훌륭한 사람'과 같은 추상적인 답이 나올 경우 "어떤 면에 대해서 훌륭해지고 싶어?"라고 질문하여 구체적인 답변을 유도해 주세요.

♪ 아이들에게도 '고정관념'이라는 것이 있습니다. 그 고정관념을 당장 깨줘야 하는 것은 아니지만, 다른 방향에도 무언가가 있을 수 있다는 것 정도는 알게 해주는 것이 좋습니다. 이 질문에 대해 아이가 어떠한 답변을 하든 존중해 주고, '옳다:그르다 / 정상:비정상 / 흑:백'과 같은 이분법적 사고에 얽매이지 않도록 도와주세요. 이 과정에서 엄마의 생각을 강요하거나, 아이의 생각에 대해 잘못을 지적하는 쪽으로 대화가 흐르지 않게 살피시고요.

연계활동

가족 인형을 만들어 각자가 하고 싶은 역을 맡아 역할놀이를 해 보세요. 이왕이면 아빠까지 함께 참여하면 좋습니다. 가족 각자가 원하는 역을 맡아 서로의 입장을 이해할 수 있는 시간을 가져 보세요.

풀칠하는 곳   ------------ 접는 선

7주제 고민을 해결해 주어요

 **뚱보새**

작사 : 신천희
작곡 : 정재원

낭창낭창 나뭇가지 끝에 앉아 있는 참새 한 마리

뚱뚱보가 될까 봐 남들이 놀릴까 봐 걱정이 태산 같아요

먹는 것도 없는데 언제 이렇게 몸이 불었지

혹시라도 저울이 고장났을까 봐

이 가지 저 가지 옮겨 다니며 자꾸자꾸 몸무게를 재본답니다

짚고 가는 어휘

- **낭창낭창:** 가늘고 긴 막대기나 줄 따위가 조금 탄력 있게 흔들리는 모양.
- **태산:** 높고 큰 산. 크고 많음을 비유적으로 이르는 말.
- **비유:** 어떤 현상이나 사물을 직접 설명하지 않고 다른 비슷한 현상이나 사물에 빗대어서 설명하는 일(예: 걱정이 태산이다 / 바다같이 넓은 마음).
- **해결:** 문제를 풀거나 일을 잘 처리하여 마무리를 지음.

생각해 보아요

♪ 이 동요의 핵심어는 무엇이라고 생각하나요?

⋯▶ _____

♪ 이 글의 주인공은 누구일까요?

⋯▶ _____

♪ 이 글의 주인공이 가지고 있는 걱정은 무엇일까요?

⋯▶ _____

♪ 이 글에 나오는 참새처럼 누구나 걱정이 생길 수 있어요. 혹시, 지금 내가 가지고 있는 걱정거리가 있다면 적어 보세요.

⋯▶ _____
_____

♪ 참새는 자신의 걱정을 해결하고 싶어 해요. 내가 나서서 참새를 도와줘 볼까요? 참새가 가지고 있는 걱정을 해결할 방법을 찾아보고, 걱정하고 있는 참새에게 그 방법을 알려주는 글을 써 보세요.

⋯▶ _____
_____

부모님과 함께

♪ 참새 한 마리, 뚱뚱보가 될까 봐, 걱정이 태산

♪ 참새

♪ 뚱뚱보가 될까 봐, 그래서 남들이 놀릴까 봐.

♪ 아이도 당연히 걱정거리가 있고 고민을 하며 스트레스도 받습니다. 아이가 자신의 걱정에 대해 편하게 답할 수 있도록 분위기를 만듭니다. 그리고 아이가 이야기한 고민거리에 대해 진지하게 반응하고 공감해 주세요. 무조건 '괜찮다'라거나 '뭘 그런 거로'와 같은 어른 중심의 반응보다, 아이의 입장이 되어 아이의 마음으로 공감과 존중을 표현해 주세요. 또한 어른의 입장에서 어른의 마음으로 해결책을 제시하는 건 오히려 역효과가 날 수도 있답니다.

♪ 문제 해결을 주도하는 것은 아이여야 합니다. 어떠한 해결책을 제시하든 인정하되, 참새에게 도움이 되는 해결책인지 그렇지 않은지에 대해 진지하게 생각할 시간을 만들어 주세요. 또한 한 걸음 더 나아가 아이가 내놓은 그 해결책이 어떤 결과를 가져올지 그 해결책으로 인해 어떤 새로운 상황이 발생할지도 함께 이야기해 보세요.

연계활동

'뚱보새'를 시작으로 끝말잇기를 해 보아요. 엄마와 번갈아 가며 한 단어씩 쓰기를 해도 좋고 여러 장을 복사하여 계속 끝말을 이어나가도 좋습니다. 한번 사용한 단어는 다시 사용하지 않는 게 규칙이에요.

뚱보새 → 새○○

소중한 것이 있어요!

엄마 아빠의 보물 1호

작사 : 박은경
작곡 : 박은경

우리 엄마 아빠에겐

소중한 보물이 있대요

힘이 들 때도 보물을 보면

불끈불끈 힘이 난대요

참 좋은 것 맛있는 것

모두 모두 모두 주고 싶대요

엄마 아빠의 보물 1호는

바로 바로 나 나

짚고 가는 어휘

- **사물**: 일과 물건을 함께 이르는 말.

생각해 보아요

♪ 이 동요의 핵심어는 무엇이라고 생각하나요?

⋯▶ _____

♪ 이 글에서 엄마, 아빠의 보물 1호는 무엇이라고 하나요?

⋯▶ _____

♪ 엄마, 아빠는 보물 1호를 보면 어떤 느낌이 든다고 했나요?

⋯▶ _____

♪ 우리 엄마, 아빠의 보물 1호는 무엇인지 짐작하여 그 이유와 함께 써 보세요. 그리고 엄마, 아빠께 엄마, 아빠의 보물 1호는 무엇인지 여쭈어보세요.

⋯▶ _____
_____

♪ 나에게 '보물 1호'는 무엇인가요? 그것은 왜 나에게 보물 1호가 되었는지 생각해 보세요. 사람과 사물 다 괜찮아요.

⋯▶ _____
_____

부모님과 함께

♪ 엄마 아빠의 보물 1호, 바로 나

♪ 나

♪ 힘이 들 때도 불끈불끈 힘이 나고, 좋은 것 맛있는 것 모두 주고 싶대요.

♪ 아이는 자신이 쓴 답과 상관없이, 엄마 아빠의 보물 1호는 자기이길 바라는 마음이 있습니다. 아이가 엄마 아빠의 진짜 보물이 무엇인지 확인하러 올 때 지혜로운 답을 미리 준비해 주세요.

♪ 물건이든 사람이든 상관없습니다. 단, 그것이(혹은 그 사람이) 아이에게 어떤 의미가 있는지 왜 보물이 되었는지에 대해 함께 이야기를 나누어 주세요. 어른의 생각에는 별 볼 일 없어 보이고, 중요하지 않아 보이고 또 때로는 쓸모없어 보이는 물건이라 하더라도 아이의 마음을 존중해 주고 긍정적인 반응으로 아이의 보물을 인정해 주세요.

연계활동 어디에 보물이 숨겨져 있을까요? 좋아하는 간식거리나 장난감, 문구류 등의 작은 선물들을 방에 숨기고 보물 지도를 완성한 후 보물 찾기 놀이를 해보세요. 여러 군데에 여러 개의 보물을 숨기면 더 흥미로워질 거예요.

내 방에 숨겨진 보물을 찾아보자!

9주제 말에는 힘이 있어요

 **참 좋은 말**

작사 : 김완기
작곡 : 장지원

사랑해요 이 한 마디 참 좋은 말
우리 식구 자고 나면 주고받는 말
사랑해요 이 한 마디 참 좋은 말
엄마 아빠 일터 갈 때 주고받는 말

이 말이 좋아서 온종일 신이 나지요
이 말이 좋아서 온종일 일 맛 나지요
이 말이 좋아서 온종일 가슴이 콩닥콩닥인대요

사랑해요 이 한 마디 참 좋은 말
나는 나는 이 한 마디가 정말 좋아요

생각해 보아요

♪ 이 동요의 핵심어는 무엇이라고 생각하나요?

⋯▶ _____

♪ 글쓴이의 가족이 주고받는 참 좋은 말은 무슨 말인가요?

⋯▶ _____

♪ 글쓴이는 '이 말이 좋아서' 어떤 일이 일어난다고 하나요?

⋯▶ _____

♪ 우리 가족은 자고 일어나면 아침에 어떤 말을 주고받나요? 나는 그 말이 마음에 드나요?

⋯▶ _____

♪ 우리는 매일 참 많은 말을 하면서 살아갑니다. 나는 주로 어떤 말을 많이 하나요? 평소 내가 많이 하는 말은 무엇인지 곰곰이 생각해 보고 적어 보세요. 내가 하는 말은 좋은 말, 긍정적인 말이 많나요? 아니면 좋지 않은 말, 부정적인 말이 많나요?

⋯▶ _____
_____

부모님과 함께

♪ 사랑해요, 이 말이 좋아서

♪ 사랑해요

♪ 온종일 신이 나고, 온종일 일 맛 나고, 온종일 가슴이 콩닥콩닥인다

♪ 하루를 어떻게 시작하는지는 참 중요한 문제입니다. 평소 우리 가족은 아침에 일어나면서 서로 어떤 말을 주고받는지 이야기해 봅니다. 말이라는 게 나는 '아'라고 이야기했는데 상대방은 '어'라고 듣고 이해하는 경우가 있듯이, 같이 주고받은 대화지만 서로 다르게 받아들일 수도 있습니다. 하루를 시작하며 가족들이 주고받는 말에 대해 엄마의 입장에서 또 아이의 입장에서 각각 이야기해 보는 것도 좋습니다. 만약 우리 가족이 아침에 주고받는 말들이 마음에 들지 않는다면, 아이는 어떤 말들이 오가면 좋겠다고 생각하는지 물어보세요.

♪ 긍정적인 말을 많이 하는 사람은 긍정적인 사람으로 인식되고, 부정적인 말을 많이 하는 사람은 부정적인 사람으로 인식됩니다. 그래서 말은 그 사람의 인격이라는 표현에 설득력이 있습니다. 아이가 자신의 언어습관에 대해 차분히 생각해 보고, 객관적으로 평가할 수 있도록 도와주세요. 하루를 보내며 자신도 모르게 자주 하는 말에는 무엇이 있는지, 그 말이 끼치는 영향은 무엇인지에 대해서도 함께 이야기해 보세요. 아이가 느끼고 깨달은 부분이 생활에 반영이 되면 더 좋겠죠?

 **연계활동** 가족들이 평소 듣고 싶었던 말들을 적어 봅니다. 다음의 방법을 참조하여, 가족들과 종이컵 전화기를 만들어서 평소 듣고 싶었던 그 말들을 종이컵 전화기로 전해 보세요.

종이컵 전화기 만들기

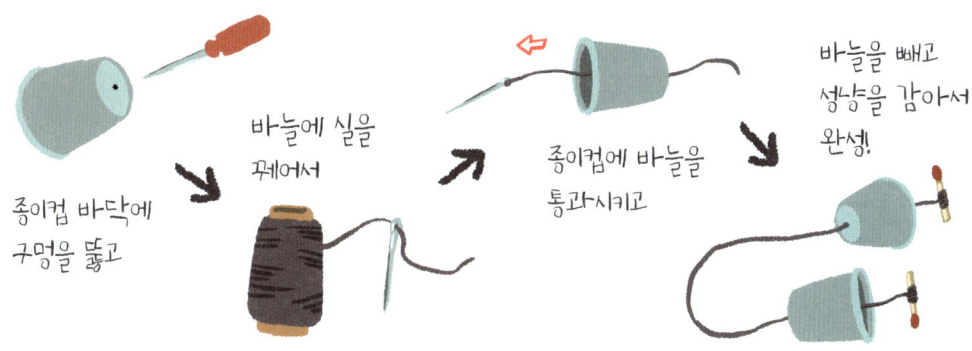

종이컵 바닥에 구멍을 뚫고 → 바늘에 실을 꿰어서 → 종이컵에 바늘을 통과시키고 → 바늘을 빼고 성냥을 감아서 완성!

우정의 조건

 **꼭꼭 약속해**

작사 : 미상
작곡 : 미상

너하고 나는 친구 되어서 사이좋게 지내자
　새끼손가락 고리 걸고 꼭꼭 약속해

싸움하면은 친구 아니야 사랑하고 지내자
　새끼손가락 고리 걸고 꼭꼭 약속해

맛있는 것은 나눠먹으며 서로 돕고 지내자
　새끼손가락 고리 걸고 꼭꼭 약속해

생각해 보아요

♪ 이 동요의 핵심어는 무엇이라고 생각하나요?

⋯▶ _____

♪ 윗글에 등장하는 너와 나는 어떤 사이인가요?

⋯▶ _____

♪ 윗글에 등장하는 너와 나는 무엇에 대해 약속을 하고 있나요?

⋯▶ _____

♪ 사이좋게 지낸다는 것은 어떤 뜻일까요? '사이가 좋다'라고 느낄 때는 언제였는지 예를 들어 이야기해 보세요.

⋯▶ _____
_____

♪ 친구는 꼭 사이좋게만 지내야 하는 존재일까요? 싸움을 하게 되면 더 이상 친구가 아닌 게 될까요? 자신의 생각을 이야기해 보세요.

⋯▶ _____
_____

부모님과 함께

♪ 사이좋게, 사랑하고, 서로 돕고, 꼭꼭 약속해

♪ 친구 사이

♪ 사이좋게 지내자 / 사랑하며 지내자 / 서로 돕고 지내자

♪ 사이가 좋다는 것은 다소 추상적인 개념입니다. 하지만 자신의 경험을 예로 든다면 충분히 설명 가능한 개념입니다. 사이가 좋다는 것을 아이는 어떻게 받아들이고 이해하고 있는지 들어보고, 경험을 떠올리며 개념을 설명할 수 있도록 도와주세요.

♪ 어른들은 아이들에게 싸우지 말고 사이좋게 지내라는 말을 너무 쉽게 자주 합니다. 하지만 아이들이 싸우지 않는 건 불가능에 가까운 일이지요. 사실 싸운다 해도 제대로 된 화해를 하고 나면 이전보다 더 좋은 친구 사이가 되기도 한다는 것을 어른들은 알고 있습니다. 그렇다면 아이들은 어떻게 생각할까요? 친구 사이의 싸움에 대한 아이의 생각을 물어보고(예를 들어, 싸움은 나쁜 것일까?) 싸우기 전과 싸운 뒤의 변화에 대해서도 생각할 시간을 주세요. 싸움과 친구 관계는 어떤 상관이 있는지도 이야기하는 시간을 가지시고요.

연계활동 | 우정의 조건이 무엇이라고 생각하나요? 내가 생각하는 우정의 조건 다섯 가지를 적어 보세요. 가장 중요하다고 생각하는 크기대로 다음 그림에 넣어 보세요.

11주제 내 물건들 이야기

그냥 두고 나갔더니

작사 : 김성균
작곡 : 김성균

장난감을 갖고 놀다가
그냥 두고 밖에 나갔죠
한참 놀다 들어와 보니 장난감이 울며 하는 말
나를 바닥에 그냥 두고 나갔기 때문에
지나가는 사람이 나를 뻥 찼단 말이야
또 그러면 안 돼 또 그러면 안 돼
또 그러면 난 싫어!

그림책을 꺼내 보다가
그냥 놓고 밖에 나갔죠
한참 놀다 들어와 보니 그림책이 울며 하는 말
나를 바닥에 그냥 두고 나갔기 때문에
지나가는 사람이 나를 꽈악 밟았단 말이야
또 그러면 안 돼 또 그러면 안 돼
또 그러면 난 싫어!

생각해 보아요

♪ 이 동요의 핵심어는 무엇이라고 생각하나요?

…▶ _____

♪ 글쓴이가 그냥 두고 밖에 나간 것은 무엇 무엇인가요?

…▶ _____

♪ 글쓴이가 나갔다가 다시 돌아왔을 때 무슨 일이 벌어져 있었나요?

…▶ _____

♪ 장난감은 내일 또다시 가지고 놀 거예요. 책은 다음에 또 읽을 거고요. 어차피 다시 꺼내어 사용할 텐데, 넣었다가 다시 꺼내는 것도 귀찮은 일인데, 정리하지 않고 그냥 둬도 괜찮지 않을까요? 여기에 대한 자기 생각을 이야기해 보세요.

…▶ _____

♪ 물건이 너무 많으면 집안이 금세 엉망이 되고, 그걸 정리하는 것도 힘이 들어요. 장난감과 책도 마찬가지예요. 갖고 있는 많은 장난감과 책들 가운데 꼭 필요한 것 몇 가지만 남겨두고 나머지는 어떻게 하면 좋을지 생각해 보세요.

…▶ _____

부모님과 함께

♪ 그냥 두고, 그냥 놓고, 또 그러면 안 돼

♪ 장난감, 그림책

♪ 지나가는 사람이 장난감을 뻥 차고, 그림책을 꽉 밟았다. 그래서 장난감과 그림책이 울고 있었다.

♪ 아이들은 정리하라는 말을 자주 듣습니다. 물론 정리를 잘 하면 좋지요. 아이들은 정리할 때마다 어떤 생각을 할까요? 옳고 그름을 떠나 평소 정리에 대해 아이는 어떤 생각을 하고 있는지 이야기를 들어보세요. 정리하는 것과 하지 않는 것의 차이에 대해서도 이야기 나눠 보세요. 내일 또 사용할 물건이기 때문에 정리하지 않는다면, 그런 일이 매일매일 쌓이면 결국 어떤 결과가 될지 상상해 보고 의견을 나누세요.

♪ 우리는 불필요하게 너무 많은 물건들을 가졌는지도 모릅니다. 아이들이 가진 책과 장난감 역시 도를 넘게 차고 넘치는 경우가 많지요. 많은 것을 가졌다고 해서 아이가 항상 재밌게 노는 것은 아닙니다. 오히려 가진 것이 너무 많다 보면, 제대로 활용하지 못하는 것들이 많고 또 많이 가진 것을 당연하게 여기며 감사할 줄 모르게 될 수도 있습니다. 먼저 아무것도 없이 텅 빈 내 방 혹은 우리 집을 상상해 보도록 해 주세요. 그리고 그 아무것도 없는 곳을 꼭 필요한 것으로만 채우는 상상으로 이끌어 주세요. 그런 후 아이와 진지하게 이야기를 나눠 보세요. 무조건 많이 가지는 것과 꼭 필요한 것만 가지는 것에 대한 이야기를요. 물론 이런 대화 중 아이에게 무언가를 강요할 수는 없습니다. 사람마다 생각과 가치관이 다 다르니까요.

연계활동 책가방이 말을 할 줄 안다면, 내게 무슨 말을 할 것 같아요? 책가방의 표정을 그려 보고 책가방의 입장이 되어서 주인인 나에게 하고 싶은 말을 써 보세요.

안녕? 난 너의 책가방이야.

12주제 내가 직접 소개해요!

세계의 아침 인사

작사 : 윤현진
작곡 : 윤현진

세계의 친구들과

아침 인사 해보자

세계의 친구들은

어떻게 인사할까

미국 친구는 굿모닝(Good morning)

일본 친구는 오하이오(おはよう)

프랑스 친구는 봉주르(Bonjour)

독일 친구는 구텐모르겐(Guten Morgen)

생각해 보아요

♪ 이 동요의 핵심어는 무엇이라고 생각하나요?

…▶ _____

♪ 이 글에 나오는 나라는 어디 어디인가요?

…▶ _____

♪ 프랑스 친구들은 아침 인사를 어떻게 하나요?

…▶ _____

♪ 세계에는 정말 많은 나라가 있어요. 꼭 가보고 싶은 나라가 있다면 왜 가보고 싶은지 함께 말해 보세요.

…▶ _____
_____

♪ 대한민국에 대해서 알고 싶어 하는 친구가 있어요. 그 친구에게 내가 우리나라를 소개해 줄 거예요. 우리나라의 특별한 부분을 찾아서 소개하는 글을 써 보세요.

…▶ _____
_____

부모님과 함께

♪ 세계, 아침 인사

♪ 미국, 일본, 프랑스, 독일

♪ 봉주르(Bonjour)

♪ 혹시 아이와 '세계의 여러 나라'에 대해 이야기 나눈 적이 있나요? 내가 살고 있는 대한민국 외에 수많은 나라에도 관심을 갖게 해주세요. 나라마다 다른 언어, 기후, 풍습, 음식, 시간을 살펴보면서 아이가 알고 있는 나라가 있다면 그 나라들에 대해 이야기를 나누어도 좋고, 알고 있는 나라가 몇 없다면 새롭게 알아봐도 좋겠지요. 몇 개의 나라를 정해 그 나라의 특징에 대해 간단히 알아본 후, 어디가 가장 가고 싶고, 왜 그곳에 가고 싶은지 생각을 물어보세요. 혹시 절대 가고 싶지 않은 나라가 있다면 그것에 대해 이야기를 나누어도 좋습니다.(연계활동 참고)

♪ 외국 친구에게 우리나라에 대해 소개해 주는 기회를 가져보세요. 혹시 아이가 우리나라에 대해 알고 있는 배경지식이 별로 없다고 하더라도 괜찮습니다. 아이 눈에 보이는 지금 살고 있는 우리나라의 있는 그대로의 모습을 표현하도록 도와주세요. 혹시 '우리나라'라는 개념이 너무 어렵게 다가온다면 의미를 축소해 '우리 동네'를 소개해 주어도 괜찮습니다. 단 소개 글은 소개받은 사람이 우리나라(우리 동네)에 와보고 싶다는 생각이 들어야 하므로 취지에 맞게 글을 쓸 수 있도록 지도해 주세요.

연계활동 I

다음의 지도를 보며 세계의 다양한 나라들에 대해 알아보세요. 엄마와 함께 각 나라의 대표 음식이나 집의 모양 등 나라별 특징에 대해 알아보면 유익한 활동이 될 거예요.

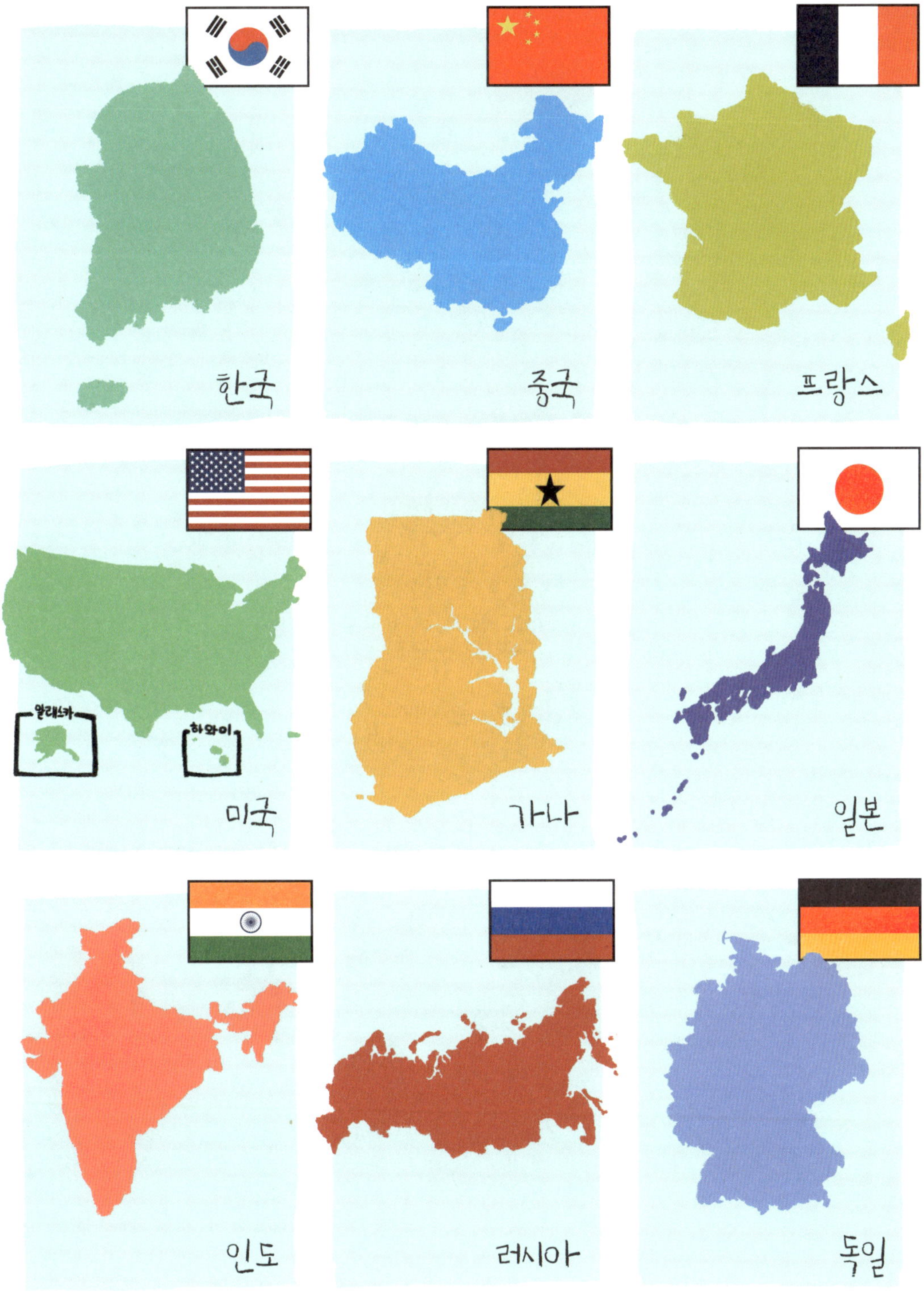

한국 중국 프랑스

미국 가나 일본

인도 러시아 독일

연계활동 II 펼쳐진 세계 지도를 보며 그 밖의 다른 나라에 대해서도 다양한 이야기를 나눠 보세요.

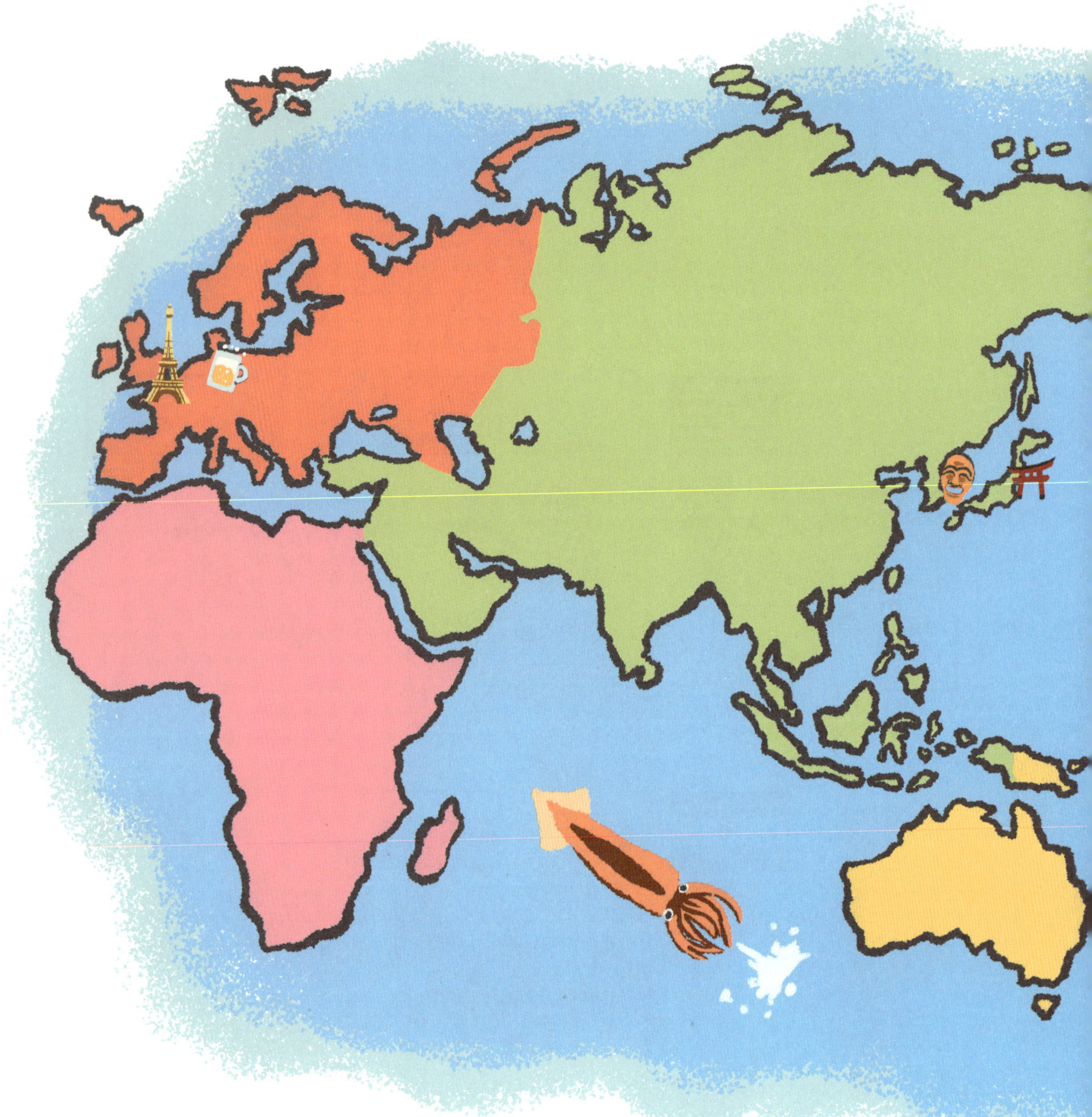

13주제 — 행동하기 전에 생각해요!

 이웃집 순이

작사 : 미상
작곡 : 한성균

이웃집 순이 울 엄마보고 할매라고 불렀다
잠이 안 온다 내일 아침 먹고 따지러 가야겠다

따지러 갔다 매만 맞고 왔다 신나게 맞았다
잠이 안 온다 내일 아침 먹고 태권도 배워야지

태권도 배워 따지러 갔다 신나게 때렸다
잠이 안 온다 내일 아침 먹고 사과하러 가야겠다

다음 날 아침 사과하러 갔다 신나게 맞았다
잠이 안 온다 다음부터 음 음 사이좋게 지내야지

짚고 가는 어휘

- **할매:** 할머니의 방언 혹은 사투리.
- **방언 혹은 사투리:** 어느 지방에서만 쓰는 표준어가 아닌 말.

생각해 보아요

♪ 이 동요의 핵심어는 무엇이라고 생각하나요?

　⋯▶ ＿＿＿＿＿＿＿＿＿＿＿＿＿＿＿＿＿＿＿＿＿＿＿＿＿＿＿＿＿

♪ 이웃집 순이는 글쓴이의 엄마를 무엇이라고 불렀나요?

　⋯▶ ＿＿＿＿＿＿＿＿＿＿＿＿＿＿＿＿＿＿＿＿＿＿＿＿＿＿＿＿＿

♪ 이웃집 순이가 우리 엄마를 그렇게 부른 것에 대해 글쓴이가 잠이 안 올 정도로 화가 난 이유는 무엇일까요?

　⋯▶ ＿＿＿＿＿＿＿＿＿＿＿＿＿＿＿＿＿＿＿＿＿＿＿＿＿＿＿＿＿

♪ 혹시 친구가 한 말이나 행동 때문에 속상했던 적이 있나요? 어떤 일이었고, 나는 그때 친구에게 어떻게 했는지 써 보세요.

　⋯▶ ＿＿＿＿＿＿＿＿＿＿＿＿＿＿＿＿＿＿＿＿＿＿＿＿＿＿＿＿＿

♪ 글쓴이는 이웃집 순이에게 화가 나서 따지러 가서 맞고 왔습니다. 또 태권도를 배워 싸우러 가서 때리고 돌아왔습니다. 이런 글쓴이의 행동에 어떤 마음이 드나요? 이런 일이 생기면 어떻게 행동하면 좋을지 자신의 생각을 적어 보세요.

　⋯▶ ＿＿＿＿＿＿＿＿＿＿＿＿＿＿＿＿＿＿＿＿＿＿＿＿＿＿＿＿＿

부모님과 함께

🎵 할매라고 불렀다, 따지러 가야겠다
   맞았다, 태권도 배워야지
   때렸다, 사과하러 가야겠다
   맞았다, 사이좋게 지내야지

🎵 할매

🎵 다른 엄마보다 연세가 더 많으신 우리 엄마의 외모를 놀리는 것이 속상하고 기분 나빠서. 할머니는 늙었다는 뜻인데, 늙은 할머니가 아닌 우리 엄마를 할매(할머니)라고 부르니 너무 속상하고 기분이 나빠서 등등 여러 대답이 나올 수 있어요.

🎵 친구와 있었던 속상했던 일을 단순히 되짚어 보는 과정입니다. 친구가 아이에게 무슨 말을 했는지, 혹은 어떤 행동을 했는지, 그때 아이의 기분은 어땠는지 그래서 그 친구에게 어떻게 반응(행동 또는 말)을 했는지 쓰도록 해주세요. 아이의 이야기에 대해 어떠한 지적도, 판단도 하지 마시고 그 상황을 기억하여 사실대로 쓰게 도와주세요.

🎵 이제 글에 등장하는 '나'와 '이웃집 순이'의 이야기를 좀 더 자세히 들여다보아야 합니다. 이웃집 순이가 우리 엄마를 할매라고 불렀을 때 글쓴이의 감정, 그래서 하게 된 행동, 그에 따른 상황, 느끼는 감정, 그다음 행동, 생각 등을 순차적으로 대화하며 글쓴이가 한 행동들에 대해 아이는 어떻게 생각하는지 표현하면 되겠지요. 글쓴이의 행동이 옳았다고 생각하는 부분과 잘못되었다고 생각하는 부분, 어떻게 행동해야 하는지에 대해 그 이유를 들어보고 이야기를 나누세요. 만약 잘못되었다고 생각한다면, 그럼 어떻게 행동해야 하는지 물어보세요. 어른의 시각으로 옳고 그름을 판단하기 보다 아이가 생각하고 고민하는 가운데 관계를 풀어나가는 방법을 찾도록 도와주세요.

연계활동 글의 주인공인 '나'와 '이웃집 순이'가 함께 있는 모습을 상상하여 그려요. 싸움 전의 상황, 싸울 때의 상황, 싸운 후의 상황, 그 외 어떤 상황이든 다 좋습니다. 상상에 따라 그리되 그림에 대해 설명하는 시간을 가지세요.

14주제

나도 함께 책임져요!

지구 지킴이

작사 : 윤보영
작곡 : 한지영

지구가 아파요 많이 아파요
우리가 그렇게 만들었나 봐
지구야 미안해 정말 미안해
우리가 이제는 친구가 될 거야
우리가 지킬게 푸르른 바다를
우리가 지킬게 맑은 하늘을
고마운 지구를 함께 돌보는
우리는 영원히 지구 지킴이
랄랄랄 자연을 그대로 두면
지구가 웃어요 우리도 웃어요
활짝 웃어요

생각해 보아요

🎵 이 동요의 핵심어는 무엇이라고 생각하나요?

　⋯▶ _____

🎵 글쓴이가 말하는 지구는 지금 어떤 상태인가요?

　⋯▶ _____

🎵 글쓴이는 우리가 어떻게 하면 지구가 웃는다고 말하나요?

　⋯▶ _____

🎵 어떤 행동이 지구를 아프게 하는 행동인지 내 생각을 적어 보세요.

　⋯▶ _____
　_____

🎵 아픈 지구를 위해 지구가 웃을 수 있도록 내가 할 수 있는 일들을 생각해 보세요.

　⋯▶ _____
　_____
　_____

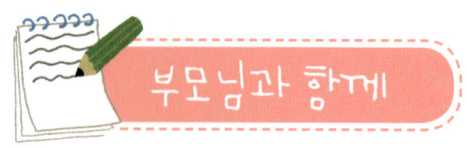

♪ 지구가 아파요, 우리는 지구 지킴이
　⋯▸ 더 다양한 핵심어가 나올 수도 있습니다.

♪ 많이 아픈 상태

♪ 자연을 그대로 두면

♪ 쓰레기를 함부로 버리는 것, 비누나 샴푸를 많이 사용하는 것 등 아이들이 무심코 하는 행동들 가운데서 찾게 대화를 유도해 주세요.

♪ 어렵고 복잡한 일이 아니라, 간단하고 쉽게 행동으로 옮길 수 있는 일을 찾아서 실제로 행동으로 옮길 수 있는 것들을 생각해 보도록 합니다.

연계활동 내가 찾은 '지구를 위해 할 수 있는 일'을 계획표에 쓰고 행동으로 옮겨 보아요. 세 가지 일을 정하여 일주일에 두 번씩 실천하고, 확인란에 모두 ○이 채워질 때 작은 보상을 약속하면 훌륭한 활동이 됩니다.

내가 지구를 위해 할 수 있는 일

1.

2.

3.

이번주에는 어떤 일을 할까요?	확인1	확인2	보상약속
1.			
2.			
3.			ex) 1색연필, 2음식 참기, 간식과 서점 갈 때마다 놀기 등등

15주제 우리 가족 이야기

우리 집은 동물원

작사 : 박용진
작곡 : 허미경

아빠가 웃으실 땐 하하하하하하
듬직한 사자 같고요 어흥어흥
엄마가 웃으실 땐 호호호호호호 포근한 양 같아요
랄랄라 랄랄랄라 랄랄랄랄라 우리 가족 멋지죠
행복한 웃음이 쪼르르 내렸어요 우리들 마음속에 예쁜 꽃길처럼
정다운 사랑 함께 나눠요 팔 벌려 환영합니다
우리 집으로 놀러오세요 우리 집은 동물원

오빠가 웃을 때는 헤헤 헤헤헤헤
철없는 원숭이 같고 끼륵끼륵
내가 웃을 때는 히히 히히히히 귀여운 토끼래요
랄랄라 랄랄랄라 랄랄랄랄라 우리 가족 멋지죠
행복한 웃음이 쪼르르 내렸어요 우리들 마음속에 예쁜 꽃길처럼
정다운 사랑 함께 나눠요 팔 벌려 환영합니다
우리 집으로 놀러오세요 우리 집은 동물원

생각해 보아요

♪ 이 동요의 핵심어는 무엇이라고 생각하나요?

⋯▶ _____

♪ 글쓴이의 가족은 누구누구인가요?

⋯▶ _____

♪ 글쓴이는 가족의 웃는 모습을 각각 다른 동물에 비유했는데 누구를 어떤 동물에 비유했나요?

⋯▶ _____

♪ 우리 가족의 웃는 모습도 동물로 비유해 볼까요? 윗글에 등장하지 않은 동물을 이용해 가족의 웃는 모습을 표현해 보세요.

⋯▶ _____
_____

♪ 내가 생각하는 우리 가족의 장점(좋거나 잘하거나 긍정적인 점)들이 있지요? 우리 가족의 장점을 한 가지씩 적어 보세요.

⋯▶ _____
_____

부모님과 함께

🎵 아빠, 사자, 엄마, 양, 오빠, 원숭이, 나, 토끼, 행복한 웃음, 정다운 사랑, 우리 집은 동물원 등등

🎵 아빠, 엄마, 오빠, 나

🎵 아빠→듬직한 사자 / 엄마→포근한 양 / 오빠→철없는 원숭이 / 나→귀여운 토끼

🎵 글에서 표현된 사자, 양, 원숭이, 토끼를 제외한 다양한 동물들을 이용해서 비유할 수 있도록 도와주세요. 만약 아이가 어려워 하면 여러 동물의 예를 들어주어 가족과의 이미지 연결이 쉽도록 도와주세요. 만약 아이가 다른 동물보다 꼭 글에 등장한 네 동물을 이용해 비유하길 원한다면 그렇게 해도 괜찮습니다.

🎵 아이의 시각에서 우리 가족의 장점을 한 가지씩 찾을 수 있게 개입 없이 지켜봐 주세요. 그리고 그것이 왜 장점이라고 생각하는지에 대한 이야기를 꼭 들어 주세요.

연계활동 | 가족들과 '롤링 페이퍼'를 하며 서로에게 꼭 하고 싶은 이야기를 전하세요. 온 가족이 모두 참여하여 서로 속마음을 확인하는 시간을 만들어 보세요.

○○○!

|롤링페이퍼 하는 방법|

1. 가족 수대로 종이를 준비한다.
2. 모두 한자리에 둘러앉아 종이를 한 장씩 받는다.
3. 내 이름을 쓴 후 오른쪽 사람에게 넘겨준다.
4. 내가 받은 종이의 이름을 확인한 후 그 사람에게 하고 싶은 말을 쓴다.
5. 할 말을 다 쓰면 오른쪽 사람에게 넘겨준다.
6. 내 이름이 쓰여진 종이가 내게 돌아오면 끝!

16주제 나도 나의 주장이 있어요

작사 : 전선
작곡 : 전선

지글지글 보글보글 맛있는 소리가 들려온다
꼬르르륵 침이 꼴깍 신나는 밥상에 모였는데
투덜투덜 반찬 타령
여기도 저기도 채소만 한가득 흥흥흥
입술은 한 바가지 내밀고
두 눈은 있는 대로 찌푸리니
오늘도 엄마의 잔소리 한가득 흥흥흥 흥흥흥
콩밥은 안 먹을래 김치도 안 먹어
맛있는 볶음은 고기만 쏙쏙 골라 먹는 재미
오늘도 엄마의 잔소리 한가득 흥흥흥
갑자기 들리는 할아버지 불호령 (예끼 이놈아!)

짚고 가는 어휘

- **불호령**: 몹시 심하게 하는 꾸지람.
- **예끼**: 때릴 것처럼 혼내거나 화가 났을 때 내는 소리.
- **투정**: 무엇이 모자라거나 못마땅하여 떼를 쓰며 조르는 일.
- **편식**: 어떤 특정한 음식만을 가려서 즐겨 먹음.

생각해 보아요

♪ 이 동요의 핵심어는 무엇이라고 생각하나요?

　⋯▶ _____

♪ 무엇에 대한 글인가요?

　⋯▶ _____

♪ 이 글에서 글쓴이가 싫다고 한 음식은 무엇인가요?

　⋯▶ _____

♪ 나도 글쓴이처럼 반찬 투정(편식)을 하나요? 내가 좋아하는 반찬과 싫어하는 반찬을 적어 보고, 싫어하는 반찬에 대해서는 왜 싫은지 이유도 자세히 적어 보세요.

　⋯▶ _____

♪ 우리가 먹는 많은 음식에는 우리 몸에 꼭 필요한 영양소들이 들어 있습니다. 그래서 우리는 여러 가지 음식을 골고루 먹어야 잘 크고, 잘 움직이고, 또 건강하게 살 수가 있답니다. 그런데 정말로 먹기 싫은 음식이 있을 때는 어떻게 해야 할까요? 싫어도 억지로 먹어야 할까요? 아니면 정말 싫은 건 안 먹어도 될까요? 자신의 생각을 적어 보세요.

　⋯▶ _____

부모님과 함께

🎵 투덜투덜 반찬 타령, 엄마의 잔소리, 할아버지 불호령

🎵 반찬 투정에 관한 글(편식)

🎵 채소, 콩밥, 김치

🎵 아이들이 모든 음식을 가리지 않고 골고루 먹기는 쉽지 않습니다. 문제에 답을 하면서 평소 자신이 좋아하는 반찬과 싫어하는 반찬을 생각하는 시간을 만들어 주세요. 싫어하는 이유를 자세히 들여다보면, 편식을 고칠 수 있는 길을 찾을 수도 있습니다. 그 음식(혹은 재료)의 냄새가 싫은지, 맛이 싫은지, 식감이 싫은지, 싫은 이유를 구체적으로 답할 수 있도록 도와주세요. "그래도 먹어야 해."와 같은 말은 안 하셔도 됩니다.

🎵 평소 어른들은 아이들에게 "골고루 먹어야 건강해진다." 같은 말을 자주 합니다. 이 한 마디가 '모든 음식을 잘 먹어야 한다'라는 생각을 심어주게 되고, 또 많은 아이들이 실제로 그렇게 생각하고 있습니다. 그렇지만 그 생각대로 아이들이 실천하기는 쉽지 않습니다. 아이마다 정말 먹고 싶지 않은 맛없는 음식들이(혹은 재료들이) 있기 때문입니다.

이 부분에 대해 아이들의 솔직한 생각을 들어 보세요. 이때 옳고 그름을 판단하기보다 아이의 생각과 주장에 진지한 태도로 반응하여 주세요. 결론을 내려고 하지 말고 "너의 생각(주장)을 잘 들었다." 정도로만 마무리하는 게 좋습니다. 아이가 가지고 있는 생각(주장)을 꺼내어 주는 것이 목적이지, 편식하면 안 된다는 것을 가르치는 것이 목적이 아니랍니다.

연계활동 글의 상황을 고려하여 이 글에 등장하는 인물들의 표정을 그려 보세요. 글의 내용과 흐름을 파악하여 등장인물의 특징을 잘 잡아 그려 봅시다.

할아버지

엄마

나 ①

나 ②

고마워 나무야!

산에 나무가 없으면

작사 : 이강덕
작곡 : 손정우

산에 나무가 없으면 산에 나무가 없으면
산에 나무가 없으면 그 산 무너지겠네
비 오고 바람 불면 홍수가 싸악
비 오고 바람 불면 홍수가 싸악
비 오고 바람 불면 홍수가 싸악
그 산 무너지겠네

산에 나무가 있으면 산에 나무가 있으면
산에 나무가 있으면 그 산 튼튼하겠네
비 오고 바람 불면 홍수가 뚝
비 오고 바람 불면 홍수가 뚝
비 오고 바람 불면 홍수가 뚝
그 산 튼튼하겠네

짚고 가는 어휘

- **홍수:** 비가 많이 와서 사람들의 사는 곳이 물에 잠겨 큰 피해를 입는 일.
- **식목일:** 나무를 많이 심고 아껴 가꾸도록 하기 위해 나라에서 정한 날. 4월 5일.

생각해 보아요

🎵 이 동요의 핵심어는 무엇이라고 생각하나요?

⋯▶ _____

🎵 글쓴이는 산에 나무가 없으면 어떻게 된다고 이야기하고 있나요?

⋯▶ _____

🎵 글쓴이가 하고자 하는 말을 한 문장으로 하면 무슨 말이 될까요?

⋯▶ _____

🎵 나무가 없으면 산이 무너지는 것 외에 또 어떤 다른 문제들이 생기는지 이야기해 보세요.

⋯▶ _____
_____

🎵 4월 5일은 우리나라의 식목일입니다. 나무를 아끼고 잘 가꾸도록 하기 위해 만든 날이지요. 그런데 식목일에 실제로 나무를 심고 가꾸는 사람들은 많지 않다고 해요. 어떻게 하면 더 많은 사람들이 식목일을 식목일답게 잘 보낼 수 있을까요? 내 생각을 이야기해 보세요.

⋯▶ _____

부모님과 함께

🎵 산에 나무가 없으면, 그 산 무너지겠네, 산에 나무가 있으면, 그 산 튼튼하겠네 등등

🎵 비가 오고 바람이 불면 홍수가 나서 산이 무너진다

🎵 '나무는 중요하다 / 산에 나무가 있어야 한다 / 나무를 보호해야 한다 / 나무를 많이 심어야 한다 / 산을 보호해야 한다'와 같은 맥락이면 됩니다.

🎵 나무가 공기를 정화하는 역할을 하므로 나무가 없으면 공기 오염이 심각해진다, 지구가 사막화된다, 숲이 없어지고 많은 동물과 식물, 새, 곤충 등 자연이 훼손된다, 열매(과일)를 얻을 수 없다, 아름다운 자연경관을 볼 수 없다 등등.

🎵 식목일이라는 날을 만든 목적을 생각해 보고, 그 목적대로 그 날 하루를 잘 보낼 수 있도록 해야 합니다. 그리고 이왕이면 더 많은 사람들이 그 뜻을 같이 하면 좋겠지요. 예전에는 식목일이 공휴일이었다는 것, 지금도 식목일이 되면 관련 행사를 하는 곳이 꽤 많다는 것, 그렇지만 꼭 행사를 통해서가 아니라도 개인적으로도 충분히 식목일을 지킬 수 있다는 등의 이야기를 나누면 됩니다. 개인적으로, 지역적으로, 국가적으로 할 수 있는 노력을 나누어서 생각하게 해주셔도 좋습니다.

연계활동

더 많은 사람들이 식목일의 의미를 되새겨 보고 잘 지낼 수 있도록 광고를 하려고 합니다. 온 국민이 보고 참여할 수 있도록 '식목일 포스터'를 그려 보세요.

18주제 좋은 친구가 되어 주어요!

 친구 되는 멋진 방법

작사 : 정수은
작곡 : 임수연

첫 번째로 인사하기 친구 얘기 들어주긴 두 번째

세 번째엔 진심으로 맞장구치기 그래그래

그다음에 시작하는 나의 이야기는 네 번째

하고픈 말 빨리 하고 싶지만 조금만 기다려요

하하하하 눈빛 웃음 주고 그래그래 마음 깊이 이해하고

맞아 맞아 진심으로 나누다 보면

정말 정말 내 친구가 된 것 같은 느낌이 가득

친구가 되는 제일 멋진 방법은 마음으로 들어주기

라랄랄라 한 걸음 라랄랄라 두 걸음

마음으로 들어주기가 제일이에요

짚고 가는 어휘

• 맞장구: 남의 말에 그렇다고 긍정적으로 반응하는 일.

생각해 보아요

🎵 이 동요의 핵심어는 무엇이라고 생각하나요?

⋯▶

🎵 글쓴이는 친구가 되는 '제일' 멋진 방법은 무엇이라고 했나요?

⋯▶

🎵 이 글의 제목을 〈친구 되는 멋진 방법〉 말고, 다른 제목을 한번 붙여 볼까요?

⋯▶

🎵 여기 나온 방법들 외에 내가 생각하는 '친구 되는 멋진 방법'을 소개해 주세요.

⋯▶

🎵 나는 좋은 친구인가요? 그렇지 않은 친구인가요? 왜 그렇게 생각하는지 까닭을 써 보세요.

⋯▶

부모님과 함께

♪ 진심으로, 마음으로 들어주기

♪ 마음으로 들어주기

♪ '제목'이란 그 자체로 글을 대표할 수 있어야 합니다. 제목만 봐도 내용을 짐작할 수 있어야 한다는 이야기지요. 또한 제목은 짧고 강한 인상을 주는 요약된 표현이 좋습니다. 하지만 같은 글을 읽어도 아이마다 느끼고 생각하는 것이 다 다르니 아이의 생각이 제일 먼저 존중되어야 합니다. 물론 글의 주요 내용이 잘 담겨있다면 더 좋겠지요? 왜 그런 제목을 정하게 되었는지 대화 속에서 자연스럽게 말할 수 있게 해주세요.

♪ 친구들과의 관계에서 이미 많은 일들을 겪고 있는 것이 우리 아이들입니다. 알게 모르게 갈등과 고민 또 화해를 거듭하며 조금씩 성장하고 있을 거예요. 자라면서 친구관계에 대한 고민은 꼭 필요한 일이고, 아이들도 이미 알고 있을 겁니다. 어떻게 하면 친구가 될 수 있는지 말이지요. 그 생각이 잘 펼쳐질 수 있도록 도와주세요.

♪ 친구로서의 '나'에 대한 솔직한 생각을 표현하게 하고, 그렇게 생각하게 된 계기가 있었는지도 물어봐 주세요. 혹여라도 친구들에게 잘못된 언행을 했더라도 절대 꾸짖지 말고, 아이 스스로 앞으로는 어떻게 하는 것이 좋을지 방법을 찾고 이야기 할 수 있도록 이끌어 주세요. 또한 좋은 점, 잘한 행동에 대해서는 공감과 칭찬을 아끼지 말아 주세요.

연계활동 친구 하면 무엇이 떠오르나요? 생각나는 것을 그림이나 글로 표현해 보세요. '친구'를 주제로 어떤 것이든 주저하지 말고 자유롭게 표현해 보세요.

19주제 좋은 버릇을 길러요!

 꿈을 키우는 좋은 버릇

작사 : 김원겸
작곡 : 유재봉

아침에 안 깨워도 일어나기 참 좋은 버릇이야

채소랑 골고루 아침밥 먹기 바로 이 닦기

성공한 어른들은 모두 모두 좋은 버릇 가졌대요

세 살 버릇 평생 간다는 말 정말인가 봐

책 많이 읽기 즐거운 운동 웃는 얼굴 잘될 거란 생각

이런 게 꿈 키우는 밑거름 좋은 버릇일 거야

예쁜 꿈을 키워요

짚고 가는 어휘
- **버릇:** 오랫동안 자꾸 반복하여 몸에 익어버린 행동.
- **밑거름:** 어떤 일을 이루는데 기초가 되는 것.

생각해 보아요

🎵 이 동요의 핵심어는 무엇이라고 생각하나요?

…▸ _____

🎵 글쓴이가 이야기하는 '꿈을 키우는 좋은 버릇' 두 가지만 찾아 적어 보세요.

…▸ _____

🎵 이 글에는 속담이 하나 나옵니다. 그 속담을 찾아 엄마와 함께 뜻을 알아보세요.

…▸ _____

🎵 위 문제에서 알아본 속담에 대해 글쓴이는 '정말인가 봐'라고 했습니다. 내 생각은 어떤가요? 왜 그렇게 생각하는지 적어 보세요.

…▸ _____

_____

🎵 내가 가진 버릇 중 '참 좋은 버릇' 한 가지만 소개해 주세요. 그 버릇이 왜 좋은 버릇이라고 생각하는지도 함께 이야기해 주세요.

…▸ _____

_____

부모님과 함께

♪ 좋은 버릇, 꿈 키우는 밑거름

♪ 아침에 안 깨워도 일어나기, 채소랑 골고루 아침밥 먹기, 밥 먹고 바로 이 닦기, 책 많이 읽기, 즐거운 운동, 웃는 얼굴, 잘될 거란 생각 등등

♪ 세 살 버릇 평생 간다.
(아이 스스로 속담을 찾게 해 주시고, 그 뜻을 아이가 이해할 수 있도록 쉽게 이야기 나눠 주세요)

♪ 보통 속담을 '틀리지 않은 말'로 생각하는 경우가 많습니다. 하지만 속담이 언제나 꼭 맞는 것은 아니지요. 얼마든지 예외는 있으니까요. 이 속담의 뜻을 충분히 이해했다면, 아이가 그것을 어떻게 받아들이는지 물어봐 주세요. 생각을 뒷받침할 수 있는 경험이나 예가 같이 나오도록 이끌어 주시면 더 좋습니다.

♪ 버릇이란 오랫동안 자꾸 반복하여 몸에 익어버린 행동을 뜻합니다. 주로 안 좋은 버릇을 많이 생각하는데 좋은 버릇도 참 많습니다. 내 아이가 가진 좋은 버릇을 찾아봅시다. 아이가 스스로 자신의 좋은 버릇을 찾도록 도와주면서, 동시에 엄마도 아이의 좋은 버릇을 찾아보세요. 그리고 아이가 찾은 좋은 버릇에 대해 크게 칭찬하고 엄마가 생각하는 아이의 좋은 버릇을 알려줘서 아이의 자존감을 일깨워 주세요. 아이는 칭찬을 먹고 자랍니다.

연계활동 좋은 버릇을 들일 수 있는 약속카드를 만들어 일주일 동안 실천해 봅시다. '하루 세 번 사랑한다 말하기' '내가 먹은 그릇은 직접 갖다 놓기'처럼 온 가족이 다 잘 지킬 수 있는 항목을 정해 일주일 동안의 실천 여부를 카드에 기록하세요.

가족 이름				
지킬 약속				
월요일	☺ 😐 ☹	☺ 😐 ☹	☺ 😐 ☹	☺ 😐 ☹
화요일	☺ 😐 ☹	☺ 😐 ☹	☺ 😐 ☹	☺ 😐 ☹
수요일	☺ 😐 ☹	☺ 😐 ☹	☺ 😐 ☹	☺ 😐 ☹
목요일	☺ 😐 ☹	☺ 😐 ☹	☺ 😐 ☹	☺ 😐 ☹
금요일	☺ 😐 ☹	☺ 😐 ☹	☺ 😐 ☹	☺ 😐 ☹
토요일	☺ 😐 ☹	☺ 😐 ☹	☺ 😐 ☹	☺ 😐 ☹
일요일	☺ 😐 ☹	☺ 😐 ☹	☺ 😐 ☹	☺ 😐 ☹

☺ -참 잘했어요   😐 -더 잘할 수 있어요   ☹ -다음엔 꼭 지켜요

20주제 건강하게 먹어요!

 이런 음식 어때요?

작사 : 최재혁
작곡 : 최재혁

치킨 피자 맛있다고 많이 먹다간 살찌잖아
갈비 삼겹살 맛있다고 많이 먹다간 또 살찌잖아
우리 몸에 좋은 음식은 과연 무얼까
냄새가 구수한 된장찌개와 시원한 김치와 아사삭 깍두기
시금치 콩나물 갖가지 야채 우리 몸에 좋아요
야채를 먹으면 면역력 높아져 무서운 바이러스를 물리쳐요
우리의 환경도 깨끗해지는 이런 음식 어때요

햄버거가 맛있다고 많이 먹다간 살찌잖아
사탕 초콜렛 맛있다고 많이 먹다간 또 살찌잖아
우리 몸에 좋은 음식은 과연 무얼까
냄새가 구수한 된장찌개와 시원한 김치와 아사삭 깍두기
시금치 콩나물 갖가지 야채 우리 몸에 좋아요
야채를 먹으면 면역력 높아져 무서운 바이러스를 물리쳐요
우리의 환경도 깨끗해지는 이런 음식 어때요

 생각해 보아요

♪ 이 동요의 핵심어는 무엇이라고 생각하나요?

♪ 글쓴이는 어떤 음식이 몸에 좋은 음식이라고 이야기하나요?

♪ 글쓴이가 이 글을 통해 하고 싶은 이야기는 무엇일까요?

♪ 다음의 빈칸을 완성해 보세요

내가 좋아하는, 몸을 건강하게 만드는 음식	내가 좋아하지만 건강을 해치는 음식

♪ 건강을 해치는 음식들이 왜 자꾸 생겨나는 걸까요? 그 이유를 생각해 보세요.

 짚고 가는 어휘

- **면역력:** 외부에서 들어오는 병균을 이겨내는 힘.
- **바이러스:** 세균보다 크기가 훨씬 작은, 병을 일으키는 미생물.

부모님과 함께

♪ 우리 몸에 좋은 음식, 이런 음식 어때요?

♪ 된장찌개, 김치, 깍두기, 시금치, 콩나물, 갖가지 채소

♪ '몸에 좋은 음식을 먹자'와 비슷한 내용이 들어가면 됩니다

♪ 아이들은 자신이 즐겨 먹는 음식이 몸에 좋은 음식인지, 그렇지 않은 음식인지 이미 잘 알고 있습니다. 그것을 좋고 나쁨으로 정확히 구분해 봄으로써, 스스로 생각을 정리할 수 있게 해주세요. 또한 앞으로 음식을 먹을 때 어떤 노력을 해야 할지에 대해서도 함께 이야기를 나누되 엄마의 잔소리는 들어가지 않게 하세요.

♪ 몸에 안 좋은 음식들 특히 불량식품에 관해 이야기하는 주제입니다. 불량식품을 만드는 것은 아이들이 아니라 어른임을 짚어주고, 누구를 위해 무엇을 위해 그것을 만드는 것인지 대화를 나누세요. 필요하다면 관련 신문기사나 뉴스를 활용해도 좋습니다.

연계활동

나만의 건강 음식 만들기입니다. 재료부터 조리 방법까지 아이가 원하는 재료로, 아이가 원하는 방법으로 만들되 건강이라는 범위를 벗어나지 않게 활동을 준비합니다. 그 음식에 멋진 이름을 붙여준다면 더 좋겠지요?

바나나우유 만들기

- **재료** : 바나나, 흰 우유, 꿀, 믹서기

- **방법** : 1. 바나나의 껍질을 벗긴 후, 믹서기에 넣는다.
  2. 꿀을 조금 넣어준다.
  3. 흰 우유를 적당히 부어준다.
  4. 믹서기로 충분히 갈아준 후, 컵에 부어 맛있게 마신다.

집에서 만드는 〈바나나 우유〉 레시피예요.
이렇게 나만의 건강 레시피를 만들어 보세요.
우리 몸을 건강하게 만들어 주는 재료를 이용하여, 건강한 음식 레시피를
작성하고 멋진 이름도 붙여 주세요.

〈   〉 만들기

- **재료** :

- **방법** : 1.
  2.
  3.
  4.
  5.

21주제 마법 같은 일

내 맘대로 리모콘

작사 : 김채령
작곡 : 김세이

버튼 하나 꼭 누르면 텔레비전 잠을 깨고

조용하던 라디오는 재잘재잘 수다 시작

만약에 나에게 내 맘대로만 되는 리모콘이 있다면

말썽쟁이 내 동생 착하게 해줄까

피곤한 우리 아빠에게 불끈 힘나게 하고

예쁜 우리 엄마 얼굴엔 늘 웃음 한가득

라랄라 마법처럼 모두 늘 행복만 켜주는

리모콘 내 맘대로 리모콘

짚고 가는 어휘

- **리모콘:** 멀리 떨어진 기계를 조정하는 장치. 리모컨이 바른 표기이나 작품명이 리모콘이므로 이 책에서는 한시적으로 리모콘으로 표기.

생각해 보아요

♪ 이 동요의 핵심어는 무엇이라고 생각하나요?

⋯▶ _____

♪ 글쓴이가 갖고 싶어 하는 물건은 무엇인가요?

⋯▶ _____

♪ 글쓴이는 갖고 싶어 하는 그 물건을 통해서 하고 싶은 일들이 있어요. 그런 글쓴이의 마음이 잘 담긴 문장을 윗글에서 찾아 보세요.

⋯▶ _____

♪ 나에게도 '내 맘대로 리모콘'이 있다고 상상하세요. 그런데 안타깝게도 딱 한 번만 사용할 수 있는 일회용 리모콘이에요. 자, 이 리모콘으로 무엇을 하고 싶은지 써 보세요.

⋯▶ _____

_____

♪ 이번에는 '내 맘대로 할 수 있는 리모콘'보다 더 멋진 상상을 합니다. 생각만으로 원하는 세상을 만들 수 있다면, 어떤 세상을 만들고 싶은지 써 보세요.

⋯▶ _____

♪ 내 맘대로, 리모콘, 행복만 켜주는

♪ 내 맘대로 되는 리모콘

♪ 마법처럼 모두 늘 행복만 켜주는

♪ 딱 한 번뿐이지만, 뭐든지 할 수 있는 리모콘입니다. 기회가 한 번뿐임을 기억하고, 그 한 번의 기회를 어떻게 쓰는 게 좋을지 신중히 생각할 수 있도록 도와주세요. 그리고 그걸 함으로써 어떤 일이 벌어지게 되는지도 상상할 수 있게 안내해 주세요.

♪ 초콜릿으로 만들어진 세상, 공부와 학교가 사라진 세상, 비행기 삯이 공짜인 세상, 내가 대통령이 된 세상 등 여러 가지 다양한 상상이 나올 수 있어요. 아이가 상상하기를 힘들어하면, 엄마가 원하는 재미있는 세상에 대해 먼저 이야기를 하면서 아이의 상상력을 유도하는 것도 방법입니다.

연계활동

무엇이 나를 행복하게 만들어 주나요? 내가 생각하는 행복의 조건을 적어 아래의 행복 나무를 완성해 보세요

22주제 무엇이든 이룰 수 있어요!

나의 꿈 보따리

작사 : 박주만
작곡 : 박주만

우리의 마음속에는 커다란 보따리 있죠
뭐든지 담을 수 있는 희망의 보따리
담아요 디자이너 담아요 요리사 우리가 소망하는 꿈
담아요 축구선수 담아요 아나운서 세상 꿈 가득 차도록
우리의 마음속에는 커다란 보따리 있죠
뭐든지 담을 수 있는 희망의 보따리

우리의 마음속에는 사랑의 보따리 있죠
꿈으로 사랑 나누는 희망의 보따리
담아요 발레리나 담아요 선생님 우리가 소망하는 꿈
담아요 영화감독 담아요 수영선수 세상 꿈 가득 차도록
우리의 마음속에는 사랑의 보따리 있죠
꿈으로 사랑 나누는 희망의 보따리
나의 꿈 보따리

생각해 보아요

♪ 이 동요의 핵심어는 무엇이라고 생각하나요?

┈▶ _____

♪ 글쓴이는 우리의 마음속에 무엇이 있다고 말하고 있나요?

┈▶ _____

♪ 윗글에서 표현하고 있는 '뭐든지 담을 수 있다'라는 말은 어떤 의미일까요?

┈▶ _____

♪ 나에게도 희망의 보따리가 있어요. 그 보따리 안에 내가 꾸고 있는 꿈을 몽땅 넣어 볼까요? 몇 가지든 괜찮아요. 마음에 품고 있는 내가 이루고 싶은 꿈을 모두 적어 보세요.

┈▶ _____

♪ 위에서 적은 꿈 중 가장 되고 싶은 장래 희망을 하나 골라 그것에 대해 다른 친구에게 소개하는 글을 써 보세요.

┈▶ _____

부모님과 함께

🎵 뭐든지 담을 수 있는, 희망의 보따리

🎵 보따리

🎵 '어떤 꿈(장래 희망)이라도 원한다면 품고 꿈꿀 수 있다'와 뜻이 같은 내용이면 됩니다.

🎵 아이들은 되고 싶은 것이 많습니다. 그래서 장래 희망을 물으면 여러 개를 대답하기도 하고 또 자꾸 바뀌기도 합니다. 아이들이 꿈꾸고 있는 장래 희망들을 다 적어 보도록 해 주세요. 혹 부모님 마음에 들지 않는 직업이 나오더라도 부모님의 생각을 강요받지 않게 편견 없이 호응해 주세요.

🎵 앞서 아이가 적은 많은 장래 희망 중에서 가장 되고 싶은 것을 한 가지 골라 봅니다. 그 직업에 대해 아이가 충분한 지식을 가질 수 있도록 지도해 주시되, 그 직업의 특징과 좋은 점뿐 아니라 힘든 점에 관해서도 이야기를 나눠 주세요. 그리고 친구에게 그 직업에 관해 설명하며 좋은 점과 힘든 점, 그런데도 나는 왜 그 직업을 원하는지에 대해 자세히 이야기할 시간을 주세요.

연계활동 어른이 되어서 사용할 명함을 만들어 봅니다. 명함이 무엇인지 직접 명함을 보며 이야기를 나누고, 자신만의 개성이 드러나는 명함을 만들어 보며 미래의 꿈을 더 구체적으로 표현해 보세요.

23주제 엄마! 고마워요! 사랑해요!

이 세상의 모든 것 다 주고 싶어

작사 : 정정명
작곡 : 강동수

(엄마가 아이에게)

이 세상의 좋은 것 모두 주고 싶어
나에게 커다란 행복을 준 너에게
때론 마음 아프고 때론 눈물도 흘렸지
사랑하기 때문에 사랑하기 때문에
싱그러운 나무처럼 쑥쑥 자라서
너의 꿈이 이뤄지는 날 환하게 웃을 테야
햇님보다 달님보다 더 소중한 너
이 세상의 좋은 것 모두 주고 싶어

(아이가 엄마에게)

이 세상의 좋은 것 모두 드릴게요
날 가장 사랑하신 예쁜 우리 엄마
때론 마음 아프고 눈물 흘리게 했지만
엄마 정말 사랑해 정말 사랑해요
싱그러운 나무처럼 쑥쑥 자라서
나의 꿈이 이뤄지는 날 환하게 웃으세요
엄마를 생각하면 왜 눈물이 나지
이 세상의 좋은 것 모두 드릴게요
엄마 사랑해요

생각해 보아요

♪ 이 동요의 핵심어는 무엇이라고 생각하나요?

　⋯▸ _____

♪ 이 글은 누구와 누구의 대화를 담은 글인가요?

　⋯▸ _____

♪ 이 글에서 엄마가 환하게 웃는 날은 언제라고 되어 있나요?

　⋯▸ _____

♪ 처음 이 노래를 들었을 때, 혹 이 글을 읽었을 때 어떤 느낌(생각)이 들었나요? 내 마음을 움직인 내용을 써 보세요.

　⋯▸ _____
　　 _____

♪ 나에게 '엄마'는 어떤 존재인가요? 왜 그렇게 생각하는지 이야기해 보세요.

　⋯▸ _____
　　 _____

부모님과 함께

♪ 이 세상의 좋은 것, 모두 주고 싶어, 사랑하기 때문에, 모두 드릴게요, 엄마 사랑해요 등등

♪ 엄마와 아이

♪ 나(아이)의 꿈이 이루어지는 날

♪ 같은 것을 보고 들어도, 모든 사람이 같은 것을 느끼고 같은 생각을 하는 것은 아닙니다. 아이의 대답을 귀 기울여 들어주고, 엄마가 느낀 것도 아이에게 이야기해 주세요. 글의 어떤 부분이 특히 와 닿았는지도 주고받으세요. 연관되어 떠오르는 경험이나 생각이 있다면 그것 또한 같이 이야기하면 더 좋습니다. 아이는 엄마와의 특별한 대화시간을 좋아합니다.

♪ 아이에게 엄마는 절대적인 존재입니다. 하지만 아이가 자랄수록 그런 절대적인 존재에 대해 아이만의 생각이 생기고 나름대로 판단이라는 것을 하게 됩니다. 그리고 엄마와 자신과의 관계를 정립해 나가지요. 내 아이는 엄마인 나를 어떻게 생각하고, 어떤 존재로 정의하고 있는지 아이의 생각을 조심스럽지만 진지하게 들여다봅시다. 짐작하고 기대했던 대답이 나올 수도 있고, 전혀 상상도 못 한 이야기를 할 수도 있습니다. 어떤 대답이 나오든 그 대답이 아이와의 관계에서 긍정적인 전환점이 되길 바랍니다.

연계활동 — 제시된 양식에 따라 빈칸을 채워 보세요. 만약 엄마에 대한 이야기를 더 쓰고 싶다면 자유롭게 더 많이 써도 괜찮아요.

나의 (　　　　　　　　　　　　　　) 우리 엄마를 소개합니다.

우리 엄마는 우리 집의 (　　　　　　　　　　　　)와 같습니다.

아빠에게는 (　　　　　　　　　　　　) 같은 아내,

나에게는 (　　　　　　　　　　　　)와 같은 엄마입니다.

원래 우리 엄마의 꿈은 (　　　　　)이었는데 지금은 (　　　　　)로 살고 계십니다.

우리 엄마는 (　　　　　)를 가장 잘 하시고, (　　　　　)는 잘 못 하십니다.

그리고 우리 엄마는 (　　　　　　)를 좋아하고 (　　　　　)를 싫어합니다.

웃는 모습이 꼭 (　　　　　)를 닮아서, 별명을 (　　　　　)로 지어주고 싶습니다.

저는 엄마가 하시는 말 중 (　　　　　　)을 가장 좋아합니다.

저는 이 말을 들으면 (　　　　　　　　　　　　　　).

제가 엄마에게 바라는 점은 (　　　　　　　　　　)입니다.

저는 우리엄마가(를) (　　　　　　　　　　　　　　).

왜냐하면 (　　　　　　　　　　　　)이기 때문입니다.

마지막으로 엄마!!

24주제 세상을 보는 또 다른 눈

여섯 개의 점

작사 : 박은경
작곡 : 박은경

보이지 않아도 볼 수 있어요 손 끝으로 볼 수 있어요

보이지 않아도 볼 수 있어요 마음으로 볼 수가 있어요

이 세상을 향해 나갈 거예요 어둡지 않아요 밝아요

여섯 개의 점이면 충분하지요 무엇이든 할 수가 있죠

헬렌 켈러의 아름다운 세상 얘기도 레이 찰스의 멋진 노래 소리도

여섯 개의 점이 있어 빛났죠 세상을 밝히는 여섯 개의 점

누군가에겐 다리가 되고 빛이 되고 마음이 되는

이 세상에서 가장 아름다운 여섯 개의 점

짚고 가는 어휘

- **시각장애인:** 시력에 이상이 있어 앞이 보이지 않는 사람.
- **헬렌 켈러:** 시각 장애를 딛고 작가가 된 미국인.
- **레이 찰스:** 시각 장애인으로 미국의 가수, 작곡가, 피아니스트.

생각해 보아요

♪ 이 동요의 핵심어는 무엇이라고 생각하나요?

⋯▶

♪ 이 글에 나오는 시각장애인 두 사람의 이름을 적어 보세요.

⋯▶

♪ 이 글에서 말하는 '손 끝으로 볼 수 있어요'는 어떤 뜻일까요?

⋯▶

♪ 다음은 헬렌 켈러와 친구가 나눈 대화입니다. 대화를 읽고 친구의 말을 들은 헬렌 켈러의 마음이 어땠을지 짐작해 보세요. 그다음 헬렌 켈러는 뭐라고 대답했을지 빈칸에 써 보세요.

어느 날, 숲속을 다녀온 친구에게 헬렌 켈러가 물었다.
헬렌 켈러; 숲에서 무얼 보았니?
친구; 보긴 뭘, 아무것도 안 봤어. 특별한 게 없더라고…
헬렌 켈러;

헬렌 켈러의 〈사흘만 볼 수 있다면〉 중에서

♪ 내가 시각장애인이라고 상상해 봐요. 시각장애인으로 살면서 가장 불편하고 힘든 것은 무엇일까요?

⋯▶

부모님과 함께

🎵 손 끝으로, 마음으로, 여섯 개의 점

🎵 헬렌 켈러, 레이 찰스

🎵 '점자를 손 끝으로 만져서 눈으로 볼 수 없는 것을 배우고 알게 됨'과 같은 맥락이면 됩니다

🎵 헬렌 켈러의 입장에서는 숲에 다녀온 친구에게 듣고 싶은 것이 많았을 겁니다. 어쩌면 친구가 본 것들을 하나도 빠짐없이 자세히 듣고 싶었을지도 모릅니다. 그런데 친구는 너무 담담하게 아무것도 보지 못했다고 합니다. 특별한 게 없다면서 말이죠. 바로 이때 헬렌 켈러의 기분을 상상해 보는 거예요. 아이가 헬렌 켈러의 입장이 되어 적극적으로 반응하고 감정을 표현할 수 있도록 지도해 주세요.

🎵 무작정 짐작해 보라거나 상상해 보라고 과제를 주기보다 실제 시각장애인의 경험을 해보는 것도 좋은 방법입니다. 짧게 5분이라도 눈을 가리고 집안을 걸어 다녀 보면 아이는 머리로만 생각하던 이론에서 벗어난 대답을 할 수 있을 것입니다.

연계활동 I   시각장애인들이 사용하는 '점자'에 대해 알아봅니다.

|우리나라 공용 점자표|

자음

초성	ㄱ	ㄴ	ㄷ	ㄹ	ㅁ	ㅂ	ㅅ	ㅈ	ㅊ	ㅋ	ㅌ	ㅍ	ㅎ	된소리
종성	ㄱ	ㄴ	ㄷ	ㄹ	ㅁ	ㅂ	ㅅ	ㅇ	ㅈ	ㅊ	ㅋ	ㅌ	ㅍ	ㅎ

모음

1종	ㅏ	ㅑ	ㅓ	ㅕ	ㅗ	ㅛ	ㅜ	ㅠ	ㅡ	ㅣ
2종	ㅐ	ㅔ	ㅚ	ㅘ	ㅝ	ㅢ	ㅖ	ㅟ	ㅒ	ㅙ	ㅞ

※ 혼동을 일으키지 않는 범위 내에서 자음과 결합되어 있는 모음 'ㅏ'를 생략할 수 있다.

알파벳

영어표	A	B	C	D	E	F	G	H	I	J	K	L	M	N
	O	P	Q	R	S	T	U	V	W	X	Y	Z		

연계활동 II

앞의 점자표를 참고하여 내 이름을 점자로 써 보세요.

연계활동 Ⅲ
앞에서 배운 점자로 단어를 만들어 보세요.

사물	점자						
나무	ㄴ	ㅏ	ㅁ	ㅜ			
전화기	ㅈ	ㅓ	ㄴ	ㅎ	ㅘ	ㄱ	ㅣ
비행기	ㅂ	ㅣ	ㅎ	ㅐ	ㅇ	ㄱ	ㅣ
컴퓨터	ㅋ	ㅓ	ㅁ	ㅍ	ㅠ	ㅌ	ㅓ
아파트	ㅇ	ㅏ	ㅍ	ㅏ	ㅌ	ㅡ	
안경	ㅇ	ㅏ	ㄴ	ㄱ	ㅕ	ㅇ	

25주제 사랑하는 우리나라

독도는 우리 땅

작사 : 박문영
작곡 : 박문영

울릉도 동남쪽 뱃길 따라 87K
외로운 섬 하나 새들의 고향
그 누가 아무리 자기네 땅이라 우겨도
독도는 우리 땅

경상북도 울릉군 울릉읍 독도리
동경 132 북위 37
평균 기온 13도 강수량은 1800
독도는 우리 땅

오징어 꼴뚜기 대구 홍합 따개비
주민등록 최종덕 이장 김성도
19만 평방미터 799에 805
독도는 우리 땅

지증왕 13년 섬나라 우산국
세종실록지리지 강원도 울진현
하와이는 미국 땅, 대마도는 조선 땅
독도는 우리 땅

러일전쟁 직후에 임자 없는 섬이라고
억지로 우기면 정말 곤란해
신라장군 이사부 지하에서 웃는다
독도는 우리 땅 (한국 땅)

생각해 보아요

♪ 이 동요의 핵심어는 무엇이라고 생각하나요?

⋯▶

♪ 독도의 주소를 윗글에서 찾아 써 보세요.

⋯▶

♪ 독도가 대한민국의 땅이라는 것은 옛 문헌에도 나와 있습니다. 그 문헌의 이름이 무엇인지 윗글에서 찾아 써 보세요.

⋯▶

♪ 내 것을 자기 것이라고 우기는 사람을 만난 적이 있나요? 어떤 경우였으며, 그때 내 기분은 어땠는지 그리고 어떻게 했는지 이야기해 보세요.

⋯▶

♪ 분명 대한민국 땅인 독도를 자기네 땅이라고 자꾸 우기는 나라가 있습니다. 그 나라에 우리는 어떻게 어떤 방법으로 대응해야 할까요? 멋진 방법을 생각나는 대로 적어 보세요.

⋯▶

부모님과 함께

♪ 독도는 우리 땅

♪ 경상북도 울릉군 울릉읍 독도리

♪ 세종실록지리지

♪ 분명히 내 것인데, 자기 것이라고 우겨대는 사람 때문에 답답하고 억울했던 경험은 누구에게나 있습니다. 그 경험을 이야기하고, 그때 나의 기분이 어땠는지에 대해 이야기하면서 자연스럽게 독도 문제와 연결될 수 있도록 해주세요.

♪ 우리 아이들은 이미 독도가 우리 땅인 것도 알고, 독도를 자기네 땅이라고 우기는 나라가 있다는 것도 알고 있습니다. 그리고 오랜 시간 그것으로 두 나라가 분쟁 중인 것도요. 그렇다면 이런 상황에서 우리는, 우리나라는 과연 무엇을 할 수 있는지 무엇을 해야 하는지 아이들의 시각에서 접근해 봅시다. 무조건 나쁘다고 욕하고 감정적으로 대응하는 건 크게 이득이 되지 않는다는 것을 짚어주면서, 순수하면서 솔직하고 기발한 아이의 생각이 자유롭게 표현되도록 도와주세요.

연계활동 '독도'를 주제로 글을 쓰도록 합니다. 독도의 아름다움을 시로 표현해도 좋고, 편지도 괜찮아요. 독도에게 하고 싶은 말을 적어도 좋습니다. 제목도 붙여 자신만의 멋진 글을 써 보세요.

제목:

매일 매일 즐겁게

 **빗자루 여행**

작사 : 김원겸
작곡 : 이은정

공부 안 한다고 꾸중 듣고 이불 쓰고 울었어

꿈나라로 갔죠 방학 때 놀던 외갓집 앞마당

빗자루 타고 동화 속 주인공이 되어 하늘을 훨훨 날아

먼 앞날의 나를 만났죠 오! 멋지고 훌륭한 사람

할머니 말씀이 딱 맞아 하고픈 일 즐겁게 하면

그런 내가 될 거야 그런 내가 될 거야

빗자루 여행 희망의 여행 사랑의 여행 야호 야호

생각해 보아요

♪ 이 동요의 핵심어는 무엇이라고 생각하나요?

…▶

♪ 글쓴이는 꿈나라에 가서 누구를 만났나요?

…▶

♪ 평소 글쓴이의 할머니는 글쓴이에게 무어라고 말씀하셨나요?

…▶

♪ 부모님께 '공부' 때문에 꾸중을 들은 적이 있나요? 어떤 상황이었고 그때 내 마음은 어땠는지 이야기해 보세요.

…▶

♪ 윗글에 표현하고 있는 '멋지고 훌륭한 사람'은 어떤 사람일까요? 내가 생각하는 '멋지고 훌륭한 사람'에 대해 말해 보세요.

…▶

부모님과 함께

🎵 먼 앞날의 나, 하고픈 일 즐겁게 하면

🎵 먼 앞날의 나 미래의 나

🎵 '하고 싶은 일을 즐겁게 하면 멋지고 훌륭한 사람이 될 거야'와 같은 맥락이면 됩니다.

🎵 다른 이유보다 '공부'와 관련해서 혼났던 일에 관해 이야기를 나눠 주세요. 혼날 이유가 타당했다 하더라도, 혼나는 입장에서는 또 다르게 생각될 수도 있는 부분입니다. 구체적인 상황과 이유, 아이의 기분이나 마음을 말할 수 있게 해주세요. 엄마가 사과할 부분이 있다면 사과하는 것도 필요한 일입니다. 이야기를 나누며 엄마와의 감정 싸움으로 번지지 않도록 해야 합니다.

🎵 '멋지고 훌륭한 사람'에 대한 정의를 예를 들어 이야기할 수 있도록 도와주세요. 일반적인 정의를 내릴 수도 있지만, 아이가 생각하는 지극히 개인적이고 주관적인 정의가 내려지면 더 좋습니다.

연계활동 지금으로부터 50년 후, 나는 유명한 사람이 되었습니다. 그래서 사람들이 나를 기념하기 위해 동상을 세운다고 합니다. 다음 여백에 나의 동상을 그림으로 그려보고, 아래의 비석에 내가 어떻게 해서 유명해졌는가를 알리는 내용도 적어 보세요.

좋은 세상을 만들어요

어깨동무 일등

작사 : 한경아
작곡 : 박선영

모두가 일등을 좋아해요 우리 보고 일등만 하래요
영어 일등 수학 일등 운동도 일등
하지만 우리가 좋아하는 일등은 그런 일등 아니에요
모두 함께 웃을 수 있는 어깨동무 일등
하하하하 밝게 웃기 일등 세상도 밝아져요
마음 모아 친구 돕기 일등 힘든 일도 이겨내요
가꾸고 돌보기 일등 우리 손길 닿는 곳마다
예쁜 꽃 활짝 웃음 꽃 활짝 피어나요
우리도 일등을 좋아해요 혼자 하는 일등은 아니죠
모두 함께 웃을 수 있는 어깨동무 일등

생각해 보아요

♪ 이 동요의 핵심어는 무엇이라고 생각하나요?

⋯▶ _____

♪ 이 글에서 글쓴이가 말하고 있는 모두가 좋아한다는 것은 무엇인가요?

⋯▶ _____

♪ 이 글에는 두 가지의 1등이 나와요. 두 1등은 어떻게 다른가요?

⋯▶ _____

♪ 혹시 나에게도 꼭 1등을 하고 싶은 것이 있나요? 그것은 무엇이며, 왜 꼭 1등을 하고 싶은지 써 보세요.

⋯▶ _____

_____

♪ 1등, 2등, 3등… 이렇게 순위를 매기는 일은 꼭 필요한 걸까요? 아니면 필요 없는 일일까요? 내 생각을 그 이유와 함께 적어 보세요.

⋯▶ _____

_____

부모님과 함께

♪ 모두 함께, 어깨동무 일등

♪ 1등

♪ 순위에 의해 정해지는 한 명뿐인 1등, 혼자가 아닌 모두가 함께하는 어깨동무 1등과 같은 맥락이면 됩니다.

♪ 아이마다 유독 욕심을 내어 이기고 싶어 하는 분야가 있습니다. 그것만큼은 잘하고 싶고, 그 부분에서는 최고가 되고 싶은 마음이 드는 것이지요. 그것에 대해 이야기를 나누면 됩니다. 만약 그 분야에서 누군가에게 진다거나, 1등을 못 하게 되면 어떤 기분이 드는지 또 어떤 생각이 드는지도 물어봐 주세요.

♪ 어쩌면 우리 아이들은 순위를 매기는 일에 익숙해져 있는지도 모릅니다. '잘한다 / 못 한다'를 넘어 누가 가장 잘하고 누가 가장 못 하는지도 관심사에 들어와 있지요. 하지만 이렇게 1등 2등 그리고 꼴찌를 정하는 것이 언제나 유쾌한 것은 아니기에 이것에 대해 아이들 스스로 생각해 보게 도와주세요. 순위를 매기는 것의 장단점을 같이 이야기하는 것도 좋겠죠?

 **연계활동** 다음의 모양에 덧그리기를 하여 나만의 재미있는 그림을 완성하세요. 주어진 모양이 전체 그림의 한 부분이 되도록 합니다. 완성된 그림에 제목도 붙이세요. 어떤 그림으로 어떻게 완성하든 정답은 없어요. 어떤 일등이든 의미있는 일등이듯이요.

제목:

제목:

제목:

제목:

제목:

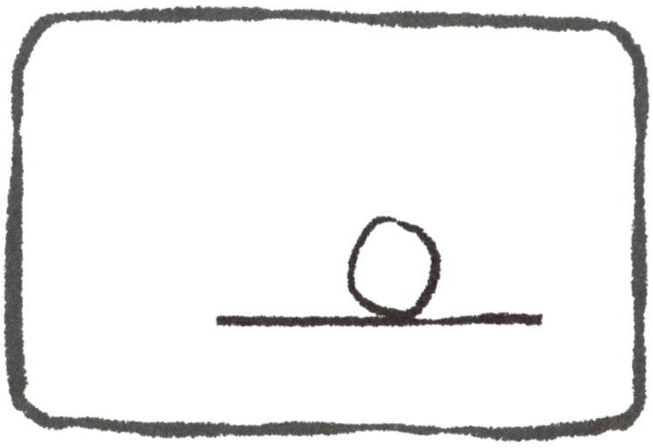

제목:

선생님 선생님 우리 선생님

 스승의 은혜

작사 : 강소천
작곡 : 권길상

스승의 은혜는 하늘 같아서
우러러 볼수록 높아만 지네
참되거라 바르거라 가르쳐 주신
스승은 마음의 어버이시다
아아 고마워라 스승의 사랑
아아 보답하리 스승의 은혜

태산 같이 무거운 스승의 사랑
떠나면은 잊기 쉬운 스승의 은혜
어디간들 언제인들 잊사오리까
마음을 길러주신 스승의 은혜
아아 고마워라 스승의 사랑
아아 보답하리 스승의 은혜

바다보다 더 깊은 스승의 사랑
갚을 길은 오직 하나 살아 생전에
가르치신 그 교훈 마음에 새겨
나라 위해 겨레 위해 일하오리다
아아 고마워라 스승의 사랑
아아 보답하리 스승의 은혜

짚고 가는 어휘

- **스승**: 자기를 가르쳐 이끌어주는 사람.
- **은혜**: 고맙게 베풀어주는 사랑.
- **보답**: 베풀어준 것을 갚음.
- **겨레**: 같은 핏줄을 이어받은 민족.

생각해 보아요

🎵 이 동요의 핵심어는 무엇이라고 생각하나요?

⋯▶

🎵 무엇에 대한 글인가요?

⋯▶

🎵 윗글에서 스승의 은혜와 사랑을 무엇 같다고 표현했는지 찾아보세요.

⋯▶

🎵 특별히 기억에 남는 선생님에 관해 이야기해 보세요. 만약 특별히 기억나는 선생님이 없다면, 어떤 선생님이 나의 선생님이 되면 좋겠는지 써 보세요.

⋯▶

🎵 스승의 날은 선생님을 위한 날입니다. 그렇다면 그날은 선생님들에게 정말 좋은 날이 되어야 하지 않을까요? 어떻게 하면 스승의 날을 선생님을 위한 날, 선생님께 좋은 날로 만들 수 있을지 생각해 보세요.

⋯▶

부모님과 함께

♪ 스승의 은혜, 스승의 사랑, 보답하리

♪ 선생님의 은혜와 사랑에 대한 글

♪ 하늘(같이 높고), 태산(같이 무겁고), 바다(보다 깊다)

♪ 긍정적이든 부정적이든 아이의 기억 속에 있는 특별한 선생님에 대한 기억을 끄집어 냅니다. 왜, 무엇 때문에, 혹은 무슨 일 때문에, 아이가 그분을 떠올렸는지 물어보세요. 만약 특별히 기억나는 선생님이 없다면 아이가 원하는 이상적인 선생님을 주제로 대화를 나누세요.

♪ 어린이날은 어린이들이 즐겁고 행복하도록, 어버이날은 부모님이 기쁘시도록 모두가 노력합니다. 그럼 스승의 날은 어떤가요? 무엇이 선생님을 위하는 것이고, 어떻게 해야 선생님이 좀 더 편한 그런 날을 만들 수 있을까요? 아이들과 함께 상의하고 토의하듯 스승의 날을 어떻게 보내는 게 좋을지 이야기 나누세요. 선생님을 위한 공연을 준비한다든지, 감사 편지나 작품을 준비한다든지 등등 여러 가지 다양한 이야기들이 나올 수 있도록 이끌어 주세요. 이때 진심이 왜곡되지 않도록 주의하세요.

 **연계활동** 선생님을 기쁘게 해드릴 선물을 준비할 거예요. 선생님이 좋아할 만한 것들로 상자 안을 채워 주세요. 단, 돈으로 산 물건은 담으면 안 돼요.

29주제 편리해요! 하지만…

 플라스틱의 꿈

작사 : 유영미
작곡 : 이기경

내가 처음 이 세상에 태어났을 때 사람들이 나를 보고 모두 놀랐죠
화려하다 아! 편하다 너무 가볍다 너도나도 한 마디씩 반겨주었죠
그러나 쉽게 썩지 않는 나 때문에 지구가 병들어 간대요
함부로 쉽게 버려진 나 때문에 아름다운 지구가 아파진대요
하지만! 나는 다시 태어날 수 있죠 차곡차곡 따로 모아 잘만 버리면
다른 생김새로 다시 태어나 쓸모 있게 활용 다 할 수 있죠

내가 처음 이 세상에 태어났을 때 사람들이 나를 보고 좋아했어요
편리하다 가볍구나 색깔도 곱지 너도나도 한 마디씩 예뻐했지요
그러나 쉽게 썩지 않는 나 때문에 지구가 병들어 간대요
하지만 따로 모아 버려 준다면 아름다운 지구를 살릴 수 있죠
그래요! 나는 다시 태어날 수 있죠 필요한 곳 원하는 곳 너무 많으니
다른 쓰임새로 다시 태어나 녹색 지구 해치지 않을래요
깨끗한 녹색 지구

짚고 가는 어휘

- **활용**: 충분히 잘 이용함.

생각해 보아요

♪ 이 동요의 핵심어는 무엇이라고 생각하나요?

⋯▸ _____

♪ 이 글은 누구(무엇)의 이야기인가요?

⋯▸ _____

♪ 내가 처음 이 세상에 태어났을 때 사람들은 모두 다 나를 좋아하고 반겼다고 했어요. 이런 내가 가진 가장 큰 문제점은 무엇인가요?

⋯▸ _____

♪ 우리 주변에서 아주 유용하게 사용되는 플라스틱으로 된 물건을 찾아봅시다. 그 가운데 내가 가장 많이 사용하고 있는 플라스틱으로 된 물건은 무엇인가요?

⋯▸ _____

♪ 옛날에는 플라스틱이 없어도 별문제 없이 잘 살았답니다. 만약 지금 당장 세상에 있는 모든 플라스틱을 없앤다면 사람들은 어떻게 반응할까요? 반대하는 사람들이 많을까요? 찬성하는 사람들이 많을까요? 나는 어느 쪽인가요? 찬성과 반대 중 한 가지 입장을 골라 내 주장을 써 보세요.

⋯▸ _____

부모님과 함께

🎵 쉽게 썩지 않는, 따로 모아, 다시 태어나

🎵 플라스틱

🎵 썩지 않는다는 것

🎵 먼저 생활 속에서 쉽게 볼 수 있는 플라스틱으로 된 것들을 찾아 봅니다. 그리고 내가 자주 사용하는 물건 중에서 플라스틱으로 만들어진 것들을 찾아봅니다. 만약 플라스틱이 없었다면 그 물건들은 지금 어떤 모양을 하고 있을지도 상상해 보게 해주세요.

🎵 사실 요즘은 플라스틱이 없으면 절대 안 될 것 같다는 생각이 들 정도로 플라스틱이 많은 곳에 다양하게 사용되고 있습니다. 플라스틱이 없었던 시절을 상상하지 못할 정도로 말이지요. 그렇다면 이런 플라스틱을 없앨 수 있을까요? 플라스틱이 없어지면 어떤 일이 일어날지, 무엇에 가장 큰 타격이 생길지 아이와 이야기해 보고, 아이는 어떻게 생각하는지 물어봐 주세요. 플라스틱이 아닌 재료로 만든 물건들을 찾아보는 것도 아이의 생각을 여는 데 좋은 팁이 됩니다.

연계활동

우리가 사는 지구 그림입니다. 우리가 어떻게 하느냐에 따라 지구가 아플 수도 있고, 반대로 아주 건강한 모습일 수도 있습니다. 건강한 지구와 아픈 지구를 상상하여 표현해 보세요.

건강한 지구

아픈 지구

웃는 얼굴, 밝은 얼굴

 미소

작사 : 강신욱
작곡 : 이수인

성난 얼굴 찡그린 얼굴
싫어요 싫어요 싫어요
웃는 얼굴 밝은 얼굴
좋아요 좋아요 좋아요
정말 좋아요
언제나 어디서나 미소를 지어 보세요
언제나 어디서나 미소를 지어 보세요

생각해 보아요

♪ 이 동요의 핵심어는 무엇이라고 생각하나요?

⋯▸ _____

♪ 글쓴이는 어떤 얼굴을 싫어하고, 어떤 얼굴을 좋아하나요?

⋯▸ _____

♪ 글쓴이는 이 글의 마지막에서 우리에게 어떻게 하라고 이야기하고 있나요?

⋯▸ _____

♪ 대부분의 사람은 무표정한 얼굴이나 찡그린 얼굴보다는 웃는 얼굴을 더 좋아합니다. 웃는 얼굴을 더 좋아하는 이유를 적어 보세요.

⋯▸ _____
_____

♪ 글쓴이는 '언제나' '어디서나' 미소를 지어 보라고 이야기합니다. 정말 언제나 어디서나 웃는 얼굴을 하고 있는 것이 좋을까요? 아니면 그렇지 않을까요? 내 생각을 정리하여 이야기해 보세요.

⋯▸ _____
_____

부모님과 함께

♪ 웃는 얼굴, 밝은 얼굴, 좋아요

♪ 성난 얼굴, 찡그린 얼굴을 싫어한다
　웃는 얼굴, 밝은 얼굴을 좋아한다

♪ 언제나 어디서나 미소를 지어 보라고 이야기한다.

♪ 찡그린 얼굴보다는 웃는 얼굴이 더 보기가 좋은 게 사실입니다. 많은 사람들이 그렇게 생각하는 데는 분명 이유가 있겠지요? 찡그리고 있는 사람을 볼 때의 느낌과 웃고 있는 사람을 볼 때의 느낌을 비교해 보며 웃는 얼굴이 주는 장점과도 연결해서 생각할 수 있도록 해주세요.

♪ 웃는 얼굴, 미소를 짓는 얼굴은 참 좋습니다. 하지만 그게 모든 상황에 적용될까요? 이 생각거리의 핵심은 미소를 짓는 얼굴이 아니라, '언제나' '어디서나'입니다. 아이들이 생각거리를 충분히 이해할 수 있도록 설명하고, 자기 생각을 잘 정리해서 이야기하도록 해주세요.

연계활동 재미있는 만화를 그려서 만화를 읽는 사람을 웃게 만들어 봅시다. 어떤 이야기든 좋습니다.

제목: _____

1

2

3

4

31주제 고마운 자동차들

병원차와 소방차

작사 : 유경손
작곡 : 유경손

하얀 자동차가 삐뽀삐뽀
내가 먼저 가야 해요 삐뽀삐뽀
아픈 사람 탔으니까 삐뽀삐뽀
병원으로 가야 해요 삐뽀삐뽀삐

빨간 자동차가 애앵애앵
내가 먼저 가야 해요 애앵애앵
불났어요 불났어요 애앵애앵
불을 끄러 가야 해요 애애애애앵

짚고 가는 어휘

- **선진국:** 다른 나라보다 여러 부분에서 발달이 앞선 나라.

생각해 보아요

♪ 이 동요의 핵심어는 무엇이라고 생각하나요?

⋯▸

♪ 윗글에 등장하는 자동차는 무슨 차와 무슨 차인가요?

⋯▸

♪ 위의 두 자동차는 언제, 어디로 가는 데 필요한 차인지 적어 보세요.

⋯▸

♪ 우리나라에서는 응급상황 시 누구든 119구급차를 이용할 수 있습니다. 그런데 응급 상황이 아닌데도 병원에 좀 더 빨리 가기 위해 구급차를 이용하는 사람들도 많다고 합니다. 이렇게 구급차를 잘못 이용하는 것을 막으려면 어떻게 해야 할까요?

⋯▸

♪ 소방차와 구급차가 사이렌을 켜면, 다른 운전자는 차를 옆으로 비켜 세워 소방차와 구급차가 빨리 지나가게 해야 합니다. 하지만 사이렌을 울리는데도 비켜주지 않는 경우도 있다고 해요. 다른 선진국에서처럼 소방차와 구급차가 먼저 가도록 길을 터주는 것이 자연스러워지려면 어떤 노력을 해야 할까요?

⋯▸

부모님과 함께

♪ 내가 먼저 가야 해요

♪ 병원차와 소방차

♪ 병원차: 응급환자가 있을 때 그 환자를 태우고 병원으로 간다.
소방차: 불이 났을 때 그 화재현장에 불을 끄러 간다.

♪ 먼저 구급차를 쉽게 이용하는 사람들이 있다는 이야기를 아이에게 해주세요. 크게 아프거나 다친 것이 아닌데 구급차를 이용해서 병원에 간 경우나, 급한 일 때문에 구급차를 이용한 사례도 있어요. 관련 언론 보도를 같이 찾으며 이야기를 나누세요. 사람들은 왜 이런 일을 할까 등의 질문으로 대화를 유도하고, 이런 행동을 막으려면 어떻게 하면 좋을지 의견을 나누어 봅니다.

♪ 소방차나 구급차가 사이렌을 울리면 길을 터주는 것이 당연하지요. 하지만 때로는 당연하게 이루어져야 하는 일이 잘 안 될 때도 잦은 것 같습니다. 우리나라에서도 소방차와 구급차에 길을 터주는 것이 자연스럽고 당연한 일이 되도록 하려면 어떻게 해야 할지, 어떤 캠페인을 하면 좋을지 의견을 나누세요. 이때 엄마의 생각과 의견도 아이에게 전달하면 더 좋을 것 같습니다.

연계활동

소방차 색깔은 빨간색이고, 구급차의 색깔은 하얀색이죠. 그런데 꼭 소방차는 빨간색이어야만 하고, 구급차는 하얀색이어야만 할까요? 만약 소방차와 구급차의 색깔과 디자인을 바꾼다면 어떻게 하고 싶은지 다음의 자동차를 마음껏 꾸며 보세요.

소방차

구급차

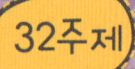

엄마 아빠 그리고 선생님

작사 : 김성균
작곡 : 김성균

엄마를 보면 나도 몰래 뛰어가 안기고 싶어
왜 그럴까 왜 그럴까 음 음 사랑이죠

아빠를 보면 나도 몰래 뛰어가 안기고 싶어
왜 그럴까 왜 그럴까 음 음 사랑이죠

선생님을 보면 나도 몰래 뛰어가 안기고 싶어
왜 그럴까 왜 그럴까 음 음 사랑이죠

생각해 보아요

♪ 이 동요의 핵심어는 무엇이라고 생각하나요?

⋯▶ _____

♪ 글쓴이는 엄마, 아빠, 선생님을 보면 어떻게 하고 싶다고 하나요?

⋯▶ _____

♪ 글쓴이는 자신의 행동에 대한 이유를 무엇이라고 하나요?

⋯▶ _____

♪ 글쓴이는 엄마, 아빠, 선생님을 보면 뛰어가서 안기고 싶다고 합니다. 그럼 나는 어떻게 하고 싶은가요? 내 마음을 솔직하게 적어 보세요.

⋯▶ 엄마를 보면 :
⋯▶ 아빠를 보면 :
⋯▶ 선생님을 보면 :

♪ 내가 부모님을 사랑하는 것처럼 당연히 부모님도 나를 사랑하십니다. 그런데 가끔은 부모님이 나를 정말 사랑하는 게 맞나? 하는 생각이 들 때가 있어요. 언제인지, 그때 나는 어떻게 했는지 이야기해 보세요.

⋯▶ _____

부모님과 함께

♪ 안기고 싶어, 사랑

♪ 뛰어가 안기고 싶다

♪ '사랑'이라고 이야기한다

♪ 글쓴이는 엄마 아빠 선생님을 보면 '뛰어가 안기고 싶어'라고 이야기합니다. 이처럼 간단하게 답을 할 수 있게 지도해 주세요. '(   )하고 싶다' '(   )라고 말하고 싶다'처럼 짧은 문장에 아이의 생각과 감정이 담길 수 있도록 합니다. 아이가 쓴 짧은 문장 뒤에 가려져 있는 것들을 파악하면 더 좋은 토론이 될 것입니다.

♪ 아이들이 자주 하는 생각입니다. 부모님이 나를 사랑하시는 것을 머리로는 알고 있지만, 순간순간 섭섭하고 마음이 상하는 일이 생기기 때문이지요. 그 경험을 이야기할 수 있도록 도와주세요. 생각거리에 제시된 대로 그때 나는 어떻게 했는지에 대한 이야기까지 나누었다면, "그럼 그때 엄마(아빠)가 어떻게 했어야 한다고 생각하니?"라고 한 번 더 질문하세요. 이때 아이의 말을 진지하게 경청해야 합니다.

연계활동

엄마와 아빠와 선생님은 비슷한 듯 다르고, 다른 듯 비슷합니다. 세 사람의 공통점을 찾아 다음의 그림을 완성해 보세요.

선생님

공통점

아빠   엄마

33주제 응원해 주세요!

넌 할 수 있어라고 말해 주세요

작사 : 곽진영
작곡 : 강수현

넌 할 수 있어라고 말해 주세요

그럼 우리는 무엇이든 할 수 있지요

짜증나고 힘든 일도 신나게 할 수 있는

꿈이 크고 (고운) 마음이 자라는 따뜻한 말 넌 할 수 있어

큰 꿈이 열리는 나무가 될래요

더 없이 소중한 꿈을 이룰 거예요

넌 할 수 있어라고 말해 주세요

그럼 우리는 무엇이든 할 수 있지요

짜증나고 힘든 일도 신나게 할 수 있는

꿈이 크고 (고운) 마음이 자라는 따뜻한 말 넌 할 수 있어

큰 꿈이 열리는 나무가 될래요

더 없이 소중한 꿈을 이룰 거예요

넌 할 수 있어

생각해 보아요

♪ 이 동요의 핵심어는 무엇이라고 생각하나요?

⋯▶ _____

♪ 이 글의 글쓴이가 듣고 싶어 하는 말은 무엇인가요?

⋯▶ _____

♪ 글쓴이가 듣고 싶어 하는 그 말은 어떤 힘을 가졌는지 윗글에서 찾아보세요.

⋯▶ _____

♪ 내가 엄마, 아빠라면 아이들에게 어떤 말을 많이 해주고 싶은지 이유와 함께 적어 보세요.

⋯▶ _____

♪ 다음의 예를 읽어 보고 '무조건 응원'과 '현실 조언' 가운데 어떻게 하는 게 더 좋을지 생각해 보세요.

> 민지는 가수가 꿈이에요. 노래 부르는 것을 무척 좋아하지요. 아무리 속상한 일이 있었어도 신나게 노래를 부르고 나면 기분이 좋아지지요. 그런데 민지가 노래를 부르기 시작하면 모두 귀를 막고 싶어해요. 음정도 박자도 잘 안 맞거든요.

⋯▶ _____

부모님과 함께

♪ 넌 할 수 있어!

♪ 따뜻한 말, 넌 할 수 있어

♪ 무엇이든 할 수 있다 / 짜증 나고 힘든 일도 신나게 할 수 있다 / 꿈이 크고 고운 마음이 자란다

♪ 엄마 아빠가 되었을 때 내 아이에게 많이 해주고 싶은 말은 곧 내가 지금 많이 듣고 싶은 말이라는 뜻입니다. 엄마 아빠가 되어 아이에게 많이 해주고 싶은 말이 왜 그 말인지에 대해서 대화하면서 아이의 마음을 읽어주세요.

♪ 좋아하는 것과 잘 하는 것은 엄연히 다릅니다. 잘하지 못하면 좋아하는 마음만으로는 꿈을 이루기 힘든 것이 현실이지요. 하지만 이것은 어른의 생각이자 편견일 수 있습니다. 아이들은 다르게 생각할 수 있으니 열린 마음으로 아이의 의견에 귀 기울여주세요. 만약 아이가 본인의 생각을 말하기 어려워한다면, 다음처럼 두 가지 경우로 정리해 설명해도 좋습니다.
⋯ "넌 할 수 있어!"라는 진심 어린 격려와 응원으로 잘 못 하는 아이라도 포기하지 않고 연습을 거듭하여 원하는 꿈을 이룰 수도 있다.
⋯ 좋아하는 것은 인정하지만 특별하게 잘하거나 실력이 좋은 것이 아니니, 좋아하면서도 잘하는 다른 새로운 꿈을 찾도록 도와줄 수 있다.

연계활동 어떤 말은 나를 힘 나게 하고, 또 어떤 말은 나를 힘 빠지게 하기도 합니다. 어떤 말이 나를 힘 나게 하고, 또 어떤 말이 나를 힘 빠지게 하는지 각각 적어 보세요.

나를 힘 나게 하는 말

나를 힘 빠지게 하는 말

아이들과 세상

작사 : 선용
작곡 : 정윤환

세상이 이렇게 밝은 것은
즐거운 노래로 가득 찬 것은
집집마다 어린 해가 자라고 있어서다
그 해가 노래이기 때문이다

어른들은 모를 거야
아이들이 해인 것을
하지만 금방이라도 알 수 있지
알 수 있어

아이들이 잠시 없다면
아이들이 잠시 없다면

나나나나나나 낮도 밤인 것을
노래 소리 들리지 않는 것을

생각해 보아요

♪ 이 동요의 핵심어는 무엇이라고 생각하나요?

⋯▶ _____

♪ 글쓴이는 아이들이 무엇이라고 이야기하나요?

⋯▶ _____

♪ 윗글에서는 만약 아이들이 없다면 어떤 일이 생긴다고 하나요?

⋯▶ _____
_____
_____

♪ 아이가 있는 집과 아이가 없는 집 가운데 어느 쪽이 더 행복할까요? 왜 그렇게 생각하는지 이유를 적어 보세요.

⋯▶ _____
_____
_____

부모님과 함께

♪ 집집마다 어린 해, 그 해가 노래

♪ 아이들은 어린 해이고, 그 해는 노래라고 이야기한다

♪ 노랫소리도 들리지 않게 되고, 낮도 밤처럼 느껴지게 된다.

♪ 결혼을 하면 아이를 낳는 것이 당연했던 시대가 있었습니다. 하지만 요즘은 아이를 낳지 않는 부부도 많습니다. 여러 가지 이유로 아이를 낳지 않고 부부 둘만 사는 것으로 결정을 내리는 것이지요. 당연히 아이를 낳아야 한다고 생각하는 사람과 아이를 낳지 않는 것이 더 낫다고 생각하는 사람, 아이가 이해할 수 있도록 양쪽의 입장을 충분히 설명해 주세요. 그런 후 양쪽 입장 중 어느 쪽이 더 행복한 삶을 살 수 있다고 생각하는지 아이의 생각을 진지하게 들어봐 주세요.

# 연계활동

아이가 많은 집과 아이가 없는 집은 각각 어떤 분위기일까요? 두 집의 풍경을 상상하여 그려 보세요.

35주제 우린 원래 하나였어요

 함께 달려가요

작사 : 조혜진
작곡 : 조혜진

아이스크림 얼음 보숭이 동그란 도넛 가락지 빵

이름은 달라도 같은 뜻이죠 우리들은 하나죠

어느 날 나도 모르게 저 북쪽 하늘을 바라 보았죠

알 수 없는 휴전선 너머 나의 마음 전하고 싶어

우리 함께 달려가요 우리의 소원 통일을 향해

손에 손 잡고 달려가요 통일을 향하여

통일 통일 통일을 향해 달려가요

함께 달려가요

짚고 가는 어휘

- **휴전선**: 전쟁을 잠시 쉬기로 약속하고 결정하여 나누어 놓은 선.
- **통일**: 나뉘어진 것을 하나로 합침.
- **왕래**: 양측이 소식을 주고받으며 자주 오가는 것.

생각해 보아요

♪ 이 동요의 핵심어는 무엇이라고 생각하나요?

⋯▶ _____

♪ 우리나라를 위아래로 갈라놓고 있는 '선'의 이름은 무엇인지 글에서 찾아 써 보세요.

⋯▶ _____

♪ 글쓴이가 말하는 하나인 '우리'는 누구를 말하는 것일까요?

⋯▶ _____

♪ 우리나라처럼 한 민족이 두 나라로 갈라지면 어떤 문제가 생길까요? 곰곰이 생각해서 적어보세요.

⋯▶ _____

♪ 우리나라는 남한과 북한으로 분단된 지 벌써 70년이 넘었습니다. 통일은 꼭해야 하는 걸까요? 하지 않아도 될까요? 다음의 세 가지 경우를 모두 생각해 보고, 통일에 대한 내 의견을 이야기해 보세요.

⋯▶ 1. 꼭 통일해야 한다. 왜?
⋯▶ 2. 꼭 통일하지 않아도 된다. 왜?
⋯▶ 3. 다른 방법을 찾을 수 있다. 예를 들면?

부모님과 함께

♪ 우리들은 하나, 통일을 향해

♪ 휴전선

♪ 남한과 북한

♪ 먼저 아이와 함께 '분단국가'라는 것에 대해 알아봅니다. 분단국가인 우리나라와 분단국가가 아닌 나라와의 차이점에 대한 이야기를 나눈 뒤 관련 신문기사를 찾아보고 관련 책을 읽어 보는 것도 좋겠지요. 어려운 문제지만 아이가 쉽게 이해할 수 있도록 이산가족 문제나 경제 문제 등을 예로 들어 이야기를 나누면 좀 더 접근하기 쉬울 것입니다.

♪ 통일에 대한 생각은 세대에 따라 확연히 달라집니다. 우리 아이들은 엄마들의 세대와는 또 다른 생각을 하고 있겠지요. 정답이 없는 문제입니다. 옳고 그름으로 따질 수도 없는 문제입니다. 아이의 의견을 존중해 주시되, 아이가 미처 생각지 못한 부분이 보인다면 살짝 짚어 주셔도 됩니다.

연계활동

다음은 같은 의미를 가졌지만 다르게 표현되는 〈우리나라 말과 북한 말〉입니다. 제시된 북한 단어들을 다양하게 사용하여 재미있는 이야기를 만들어 봅시다.

우리나라 말	북한 말
이발사	까까쟁이
주스	과일단물
계란찜	닭알두부
라면	꼬부랑 국수
우유	소젖
볶음밥	기름밥
도시락	곽밥
소풍	들모임
폭우	뚝비
온천	더운 우물
다이어트	살까기
훌라후프	돌림틀
갈등	마음다툼
거짓말	꽝포
커튼	창가림막
하마	물말
예방	미리막이
안전벨트	박띠
파마머리	볶음머리
우울증	슬픔증
유모차	애기차
무지개	색동다리
운동화	헝겊신
만화	이야기 그림
수영복	헤염옷
화장실	위생실
괜찮다	일없다

| 내가 만든 이야기 |

 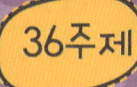

꼭두각시는 싫어요!

작사 : 지명길
작곡 : 김남균

꼭두각시 인형 피노키오 나는 네가 좋구나
파란 머리 천사 만날 때는 나도 데려가 주렴
피아노 치고 미술도 하고 영어도 하면 바쁜데
너는 언제나 공부를 하니 말썽쟁이 피노키오야
우리 아빠 꿈속에 오늘 밤에 나타나
내 얘기 좀 잘해 줄 수 없겠니
먹고 싶은 것이랑 놀고 싶은 것이랑
모두 모두 할 수 있게 해줄래

꼭두각시 인형 피노키오 나는 네가 좋구나
장난감의 나라 지날 때는 나도 데려가 주렴
숙제도 많고 시험도 많고 할 일도 많아 바쁜데
너는 어째서 놀기만 하니 청개구리 피노키오야
우리 엄마 꿈속에 오늘 밤에 나타나
내 얘기 좀 잘해 줄 수 없겠니
먹지 마라 살찐다 하지 마라 나쁘다
그런 말 좀 하지 않게 해줄래

꼭두각시 인형 피노키오 나는 네가 좋구나
파란 머리 천사 만날 때는 나도 데려가 주렴
학교 다니고 학원 다니고 독서실 가면 바쁜데
너는 어째서 게으름 피니 제페토의 피노키오야
엄마 아빠 꿈속에 오늘 밤에 나타나
내 얘기 좀 잘해 줄 수 없겠니
피노키오 줄타기 꼭두각시 줄타기
그런 아이 되지 않게 해줄래
그런 아이 되지 않게 해줄래

짚고 가는 어휘

• **꼭두각시**: 남이 시키는 대로 움직이는 사람을 비유한 말.

# 생각해 보아요

♪ 이 동요의 핵심어는 무엇이라고 생각하나요?

⋯▶ _____

♪ 윗글에서 글쓴이가 지어준 피노키오의 별명들을 찾아 보세요.

⋯▶ _____

♪ 글쓴이가 피노키오를 통해 자신의 엄마, 아빠에게 전하고자 하는 이야기는 무엇인가요?

⋯▶ _____

♪ 요즘 아이들은 학원도 많이 다니고 해야 하는 공부도 많습니다. 아이들이 원해서 그런 경우도 있지만 많은 경우 부모님에 의해 결정되는 일이지요. 그렇다면 부모님들은 왜 그렇게 아이에게 많은 것을 가르치고 시키는 걸까요? 도대체 무엇 때문에 그러시는지 부모님의 마음을 짐작해 봅시다.

⋯▶ _____

♪ 내가 부모님이라면 아이들을 어떻게 키우고 싶나요? 이것저것 많이 배우고 공부하게 해주고 싶나요? 아니면 아무것도 시키지 않고 많이 놀도록 허락하며 자유롭게 키우고 싶나요? 자신의 생각을 써 보세요.

⋯▶ _____

부모님과 함께

♪ 내 얘기 좀 잘해 줄 수 없겠니

♪ 말썽쟁이 피노키오, 청개구리 피노키오, 제페토의 피노키오

♪ 먹고 싶은 것, 놀고 싶은 것 마음껏 하고 싶다 / 먹지 마라 살찐다 하지 마라 나쁘다와 같은 잔소리 안 듣고 싶다 / 꼭두각시 인형처럼 살고 싶지 않다와 같은 맥락이면 됩니다.

♪ 아이의 입장에서는 더 놀고 싶고, 더 쉬고 싶고, 텔레비전을 더 보고 싶은데 부모님은 그냥 그렇게 하도록 편히 두지 않으니 때로는 화가 날 수도 있습니다. 하지만 부모님이 왜 그렇게 하시는지에 대해서 아이도 진지하게 생각해 볼 필요가 있습니다. 조금만 진지해진다면, 부모님이 나를 사랑하지 않아서 나를 괴롭히기 위해서 공부를 시키고 학원을 보내는 것이 아니라는 걸 알게 됩니다. 어렴풋이 갖고 있던 그 생각들이 잘 정리될 수 있도록 도와주세요.

♪ 아이가 부모의 입장이 되어서 생각해 보는 문항입니다. 부모가 되어서 내 아이를 어떻게 키우고 싶은지 이야기를 나눠 보세요. 그렇게 키워야겠다고 생각하게 된 동기나 특별한 이유가 있는지도 물어봐 주세요. 그리고 그렇게 키웠을 때 아이가 어떻게 자랄 것이라고 생각하는지도 말해 봅니다. 진심이 반영된 아이의 대답을 통해 부모님도 많은 생각을 할 수 있을 것입니다.

연계활동 부모님께 이야기를 대신 전해주는 피노키오가 정말로 내 옆에 있다면, 나는 부모님께 어떤 이야기를 전하고 싶나요? 피노키오에게 부탁해 보세요.

국어 힘은 공부 힘!